古典文獻研究輯刊

三八編

潘美月・杜潔祥 主編

第 3 冊

阮刻《尚書注疏》圈字彙校考正（上）

張劍、孔祥軍 著

國家圖書館出版品預行編目資料

阮刻《尚書注疏》圈字彙校考正（上）／張劍、孔祥軍 著 --
初版 -- 新北市：花木蘭文化事業有限公司，2024〔民113〕
目 2+186 面；19×26 公分
（古典文獻研究輯刊 三八編；第 3 冊）
ISBN 978-626-344-706-6（精裝）
1.CST：書經 2.CST：研究考訂
011.08   112022570

ISBN-978-626-344-706-6

古典文獻研究輯刊
三八編　第三冊　　　　　ISBN：978-626-344-706-6

阮刻《尚書注疏》圈字彙校考正（上）

作　　　者　張劍、孔祥軍
主　　　編　潘美月、杜潔祥
總 編 輯　杜潔祥
副 總 編 輯　楊嘉樂
編 輯 主 任　許郁翎
編　　　輯　潘玟靜、蔡正宣　美術編輯　陳逸婷
出　　　版　花木蘭文化事業有限公司
發 行 人　高小娟
聯 絡 地 址　235 新北市中和區中安街七二號十三樓
　　　　　　　電話：02-2923-1455／傳真：02-2923-1452
網　　　址　http://www.huamulan.tw 信箱 service@huamulans.com
印　　　刷　普羅文化出版廣告事業
初　　　版　2024 年 3 月
定　　　價　三八編 60 冊（精裝）新台幣 156,000 元　　版權所有・請勿翻印

阮刻《尚書注疏》圈字彙校考正（上）

張劍、孔祥軍　著

作者簡介

　　張劍，男，1992 年生，江蘇鹽城人，山東財經大學文學與新聞傳播學院講師，主要學術興趣：《十三經注疏》文獻、日藏漢籍、唐代文史。2010 ～ 2018 年就讀於揚州大學社會發展學院，獲得歷史學學士、碩士學位，2018 ～ 2022 年就讀於山東大學儒學高等研究院，獲得文學博士學位。先後在《經學文獻研究集刊》《圖書館雜誌》《周易研究》《版本目錄學研究》等刊物發表論文十餘篇。

　　孔祥軍，男，江蘇揚州人，文學碩士，歷史學博士，揚州大學社會發展學院教授，日本北海道大學訪問學者。主持國家社科基金項目「阮刻『五經』注疏圈字彙校考正集成研究」「清人地理考據文獻集成研究」、國家社科基金後期資助項目「《周禮》鄭注彙校」、教育部社科基金項目「清人經解地理考據整理與研究」、教育部後期資助項目「阮刻《毛詩注疏》圈字彙校考正」等多項科研項目。在《清史研究》《中國經學》《域外漢籍研究集刊》《古典文獻研究》等學術刊物發表論文八十多篇。正式出版《毛詩傳箋》點校整理本（中華書局「中國古典文學基本叢書」），以及《阮刻〈周禮注疏〉校考（外二種）》《阮刻〈周易注疏〉圈字彙校考正》《清人經解地理考據研究》《出土簡牘與中古史研究》《阮刻〈毛詩注疏〉圈字彙校考正》等專著八部，相關學術成果曾獲江蘇省第十六屆、第十四屆哲學社會科學優秀成果二等獎。目前主要從事經學文獻整理與研究、中古史研究。

提　　要

　　本書是對阮刻《尚書注疏》圈字進行彙校考正。所謂圈字，是指阮本正文文字旁往往有小圈標注，皆阮元《十三經注疏校勘記・尚書注疏校勘記》認定文本可疑之處。阮本為保持底本文字原貌，不在正文加以改動，遂畫圈標注，而於卷末所附盧宣旬摘錄《校勘記》中以相應校記釋之。所謂彙校，乃從經、注、疏、釋文，四個層面展開：以言經文，所據者則有唐石經、宋刊白文本，以及唐宋各類經注本寫本、刻本以及注疏本之經文；以言注文，所據者則有唐人寫本、日藏古本、宋元刻經注本、宋刻魏了翁《尚書要義》、宋元刻經注附釋文本以及宋元以來各類注疏本之孔《傳》；以言孔穎達《疏》，所據者則有宋刻單疏本《尚書正義》、宋刻魏了翁《尚書要義》以及宋元以來各類注疏本之孔《疏》；以言釋文，所據者有宋刻以來各類經注附釋文本、注疏合刻本所附釋文以及宋刻遞修本《經典釋文》。阮元《校勘記》因眾多善本無由得見，致其在彙校與考正方面的價值大打折扣。今引用學界最新發現若干珍本，並直接使用唐人寫本以及眾多日藏古本，充分發揮其價值，分卷彙校阮本圈字之處，參考前人校勘成果，考正校語，重定是非，從而為釐正文字，特別是今日重新整理《尚書注疏》提供重要參考。

本書為國家社科基金項目
「阮刻『五經』注疏圈字彙校考正集成研究」（19BTQ049）階段性成果

目次

前　言

　　嘉慶二十年（1815），阮元於江西主持重栞「宋本十三經注疏」，翌年書成，其在《重栞宋本十三經注疏》弁首《重刻宋板注疏總目錄》（下稱《目錄》）中談及此事始末，云：「元家所藏十行宋本，有十一經，雖無《儀禮》、《爾雅》，但有蘇州北宋所刻之單疏板本，為賈公彥、邢昺之原書，此二經更在十行本之前，元舊作《十三經注疏挍勘記》，雖不專主十行本、單疏本，而大端實在此二本。嘉慶二十年，元至江西，武寧盧氏宣旬讀余《挍勘記》而有慕於宋本，南昌給事中黃氏中傑亦苦毛板之朽，因以元所藏十一經至南昌學堂重刻之，且借挍蘇州黃氏丕烈所藏單疏二經重刻之……刻書者，最患以臆見改古書，今重刻宋板，凡有明知宋板之誤字，亦不使輕改，但加圈於誤字之旁，而別據《挍勘記》，擇其說附載於每卷之末，俾後之學者不疑於古籍之不可據，慎之至也。」〔註1〕

　　此處所謂《十三經注疏挍勘記》，乃指單行本《宋本十三經注疏挍勘記》二百十七卷，《經典釋文挍勘記》廿六卷。《挍勘記》原名《考證》，撰成於嘉慶十一年丙寅，刊於十三年戊辰〔註2〕，即文選樓本也〔註3〕。卷首載段玉裁

〔註1〕　阮元《揅經室三集》卷二《江西校刻宋本十三經注疏書後》，亦有此段文字，中華書局整理本《揅經室集》誤「摹」為「搴」，1993 年版，頁 620。

〔註2〕　汪紹楹說，見《阮氏重刻宋本十三經注疏考》，《文史》第三輯，下文所引汪說，皆指此文。

〔註3〕　單行刊本《挍勘記》除文選樓本外，尚有《清經解》本，因《清經解》本身刊刻情況複雜，其所收錄之《挍勘記》間有錯謬，亦在情理之中。如卷一《毛詩正義序》「於其所作疏內」條，經解本作「『所』字止句錯在此」（鳳凰出版社影印本，2005 年版，第陸冊，頁 6729），而文選樓本作「『所』字上句

所撰《十三經注疏併釋文挍勘記序》，云：「臣玉裁竊見臣阮元自諸生時至今
挍誤有年……近年，巡撫浙中，復取在館時奉敕挍石經《儀禮》之例，衡之
羣經。又廣搜江東故家所儲各善本，集諸名士，授簡詁經精舍，令詳其異同，
抄撮薈萃之。而以官事之暇，篝燈燃燭，定其是非……條分縷析，犁然悉當，
成此巨編。」〔註4〕則《挍勘記》之作，為阮元首倡也。然蕭穆《記方植之
先生臨盧抱經手校十三經注疏》云：「抱經先生手校《十三經注疏》本，後入
山東衍聖公府，又轉入揚州阮氏文選樓。阮太傅作《校勘記》，實以此為藍
本。」〔註5〕汪紹楹綜合盧文弨所做校經工作及此條記載，推斷阮元輯《挍
勘記》乃受盧氏啟發，或然。

《挍勘記》之作可謂清人經學文獻研究之集大成者，後阮元重刻諸經注
疏，實奠基於此〔註6〕。據阮元《目錄》，《挍勘記》的學術成果並未直接反
映在重刻板片的文字上，而是通過一種圈字標注的方式，既保持了原本的文
字形態，又將校改意見呈現出來，以供讀者判斷，此即所謂「今重刻宋板，
凡有明知宋板之誤字，亦不使輕改，但加圈於誤字之旁，而別據《挍勘記》，
擇其說附載於每卷之末」。依照阮說，第一，重刊諸種注疏的文字應該與底本
完全一致；第二，根據單行本《挍勘記》，可以完全確定原本有錯的地方，會
施加小圈於字旁，並由盧宣旬摘錄《挍勘記》相關條目，附於各卷之末，以
便讀者前後對照檢核。這是一種極為先進的文獻整理思路，《書目答問·經
部》「十三經注疏」條小注列有「阮文達公元刻附校勘記本」，云：「阮本最於
學者有益，凡有關校勘處，旁有一圈，依圈檢之，精妙全在於此。」〔註7〕
可見時人對此評價很高。精妙與否，見仁見智，但據阮元《目錄》所云「明
知宋板之誤字」「但加圈於誤字之旁」，則當取《挍勘記》反復斟酌，方於可
以認定必誤無疑之處，畫圈於字旁，正是《挍勘記》「定其是非」之旨歸所在，

錯在此」，「止」字顯為「上」字之譌。又如卷一《螽斯》「其股似瑇瑁又」
條，經解本作『『又』當作『文』（頁6733），文選樓本則作「『又』當作『叉』」，
二者又異。

〔註4〕段氏《經韻樓集》卷一首條即為此《序》，然文字稍異，如「犁然悉當」下云：
「其學贍，其識精，成《十三經注疏校勘記》二百十七卷，附《釋文校勘記》
二十六卷。」（《續修四庫全書》第一四三四冊影印，上海古籍出版社，藏嘉慶
十一年本）為原《序》所無。

〔註5〕《敬孚類稿》卷八，《近代中國史料叢刊》第四十三輯影印光緒丙午刊本，文
海出版社，頁373。

〔註6〕汪紹楹云「於是因校勘而擇板本，因板本而議重刊」，此為的論。

〔註7〕《續修四庫全書》第九二一冊影印復旦大學圖書館藏清光緒刻本，頁543。

按勘精華薈萃於此，似無可疑。

　　然而具體到《尚書》一經，情況則有所不同。阮本所附《校勘記》，乃由盧宣旬摘錄單行本《校勘記》，並有所校補而成（簡稱盧記）。《尚書注疏校勘記》雖署名「臣阮元恭撰」，然實成於徐養原〔註8〕。綜合來說，阮記以羅列版本異文為主，較少判定是非，這一特點傳遞到盧記，自然使得阮本所云誤字畫圈、校記明辨的目標無法實現，所以在很大程度上削弱了阮本圈字出校的實際意義。不僅如此，因眾多善本徐氏無由得見，致其在彙校方面的學術價值也大打折扣。據《尚書注疏校勘記》前附《引據各本目錄》，其中「古本」「宋板」，皆轉錄自日本學者山井鼎、物觀《七經孟子考文補遺》，阮元等人其實未能寓目原本，故而承襲了《七經孟子考文補遺》校勘中的諸多問題。又其所列「岳本」，云：「武英殿翻刻本也。」使用「宋十行本」，稱此本：「修板至明正德間止，亦即山井鼎所謂正德本是也。」則阮校所謂「宋十行本」，實為元刊明正德修本。至於阮校所引「閩本」「明監」「毛本」，皆以元十行本明代修本為之祖，其中錯訛多輾轉相承。阮元《校勘記》參校版本方面的不足，亦傳遞到了盧記，不僅影響了通過梳理異文探討版本流傳問題的工作，而且也無助於對經疏具體文字的最終判定。若此缺陷，又經阮本定形，傳遞到今日各種以阮本為底本之影印本與整理本〔註9〕。

〔註8〕今《校勘記》各卷前皆署「阮元撰」，然阮元實為總成，其分經校者，各有其人，各經《校勘記》前阮元撰序已多作交待。阮元既「集諸名士」，遂設經局，據阮元《尚書注疏校勘記序》：「臣元於《尚書注疏》舊有校本，茲以各本授德清貢生徐養原校之，並及釋文，臣復定其是非，且考其顛末，著於簡首。臣阮元恭記。」

〔註9〕1935 年，世界書局曾據同治十二年江西書局重修阮本，剪貼為九拼一影印出版（據張劍《世界書局縮印本阮刻〈十三經注疏〉底本初探》，《揚州文化研究論叢》第二十一輯），並將阮本標註所用「o」，統一改為「▲」，1980 年中華書局又取世界書局本，校改影印出版，此後屢有重印，這是大陸最為常見、使用最多的阮刻《十三經注疏》影印本。台灣方面，藝文印書館早年曾據高郵王氏舊藏嘉慶初刻阮本，剪貼為四拼一影印出版，後不斷重印，藍燈文化事業公司、新文豐出版公司亦翻印此版。2009 年中華書局影印出版所謂「清嘉慶刊本《十三經注疏》」，經筆者仔細比對，實際上是翻印自台灣藝文本。真正影印嘉慶阮本者，為傳古樓「四部要籍選刊」，自 2013 年西泠印社出版單面影印嘉慶初刻《阮刻毛詩注疏》，後改由浙江大學出版社，陸續單面影印出版了嘉慶初刻《周易》《尚書》《禮記》《左傳》諸經注疏。整理本方面，以 2000 年北京大學出版社、2021 年中華書局新整理本《尚書注疏》為代表，此外尚有台灣新文豐分段標點本等，皆以阮刻《尚書注疏》為底本。

　　當今學界校勘《尚書注疏》，則有杜澤遜先生二〇一八年出版的《尚書注疏彙校》〔註10〕，通校唐石經、單疏本以下十餘種版本，復引浦鏜、阮元、山井鼎等諸家校記，是當今校勘《尚書注疏》之力作。然《尚書注疏彙校》未對異文進行是非正誤判斷。此外，杜澤遜先生主持修撰《尚書注疏彙校》時，部分重要版本仍未公開全文影像，又或者部分流落海外的珍本未被學界發現，如宋刊巾箱白文本《尚書》、日本足利學校藏宋兩浙東路茶鹽司刻本晚印本《尚書注疏》、日本關西大學藏南宋末年建陽坊本重言重意互注《尚書注疏》、江西省樂平市圖書館藏元刻明初印本《附釋音尚書注疏》、日本靜嘉堂文庫藏元刊明正德時期印本《附釋音尚書注疏》。關西大學藏南宋末年所刻注疏本，對於探索已經失傳的南宋中期建陽坊間所刻十行注疏本的面貌具有重要作用；樂平市圖書館、靜嘉堂文庫所藏元十行本不同時期印本，對於考察元十行本系統遞經修補改動的過程，不可或缺。又杜澤遜先生《尚書注疏彙校》，以及以往所有的現代標點本，引用的足利學校所藏「古本」（簡稱《考文》古本），仍是間接使用山井鼎、物觀《七經孟子考文補遺》當中的材料。關於《考文》古本的價值，杜澤遜先生指出：「山井鼎、物觀《七經孟子考文補遺》，以日本足利學校所藏宋刊本、古寫本校毛本，羅列異文，為系統校勘注經注疏之開闢者，厥功至偉。盧文弨、阮元校注疏，皆用山井鼎成果而加詳加密。山井鼎所校古本，學界至今賴之。其可貴者甚多……」〔註11〕不過杜澤遜先生也指出，日本古本不可盡信〔註12〕，《七經孟子考文》當中「山井鼎的按語也有不可取之處」〔註13〕。然一九九七年，顧頡剛、顧廷龍先生《尚書文字合編》已經將《考文》古本影印出版。《考文》古本影印件既然可見，中國學者不必只根據《七經孟子考文補遺》了解《考文》古本面貌。從事相關文獻的整理與研究，可以直接利用《考文》古本，不必間接依據山井鼎、物觀《七經孟子考文補遺》，或是阮元《尚書注疏挍勘記》。

　　《考文》古本只是日傳古本中的一部，還有其它重要的日傳古本存世，其價值尚待挖掘。日本靜嘉堂文庫藏一部寫本《古文尚書》（內野本），據島

〔註10〕杜澤遜《尚書注疏彙校》，中華書局，2018 年版。

〔註11〕杜澤遜《尚書注疏校議》，中華書局，2018 年版，頁 116、頁 117。

〔註12〕詳見《尚書注疏校議》「日本古本不可盡信之一例」，中華書局，2018 年版，頁 9。

〔註13〕杜澤遜《影印〈七經孟子考文補遺〉序》，《七經孟子考文補遺》，日本享保十六年刻本影印本，國家圖書館出版社，2016 年版，頁 8。

田翰《古文舊書考》記載，內野本抄自元亨二年（1322）沙門素慶刊本，島田翰曰：「卷末有『學古神德楷法日下逸人貫書』一行，及元亨二年（1322）素慶鏤版《跋》，乃知亦係管原是貫手錄。每半葉八行，行十四字，注雙行十四字」，島田翰認為此沙門素慶刊本之底本「係（宋）仁宗以後刊本……乃確知是從呂（大防）本傳鈔」〔註14〕。島田翰堅持沙門素慶刊本出自宋呂大防本，但吉川幸次郎並不認同：「據沙門素慶跋，此書本刊於元亨壬戌……要此本之淵原唐鈔，焯然無疑。我室《校勘記》具在，可盤盤考也。島田氏乃謂出自呂大防刻本，明為臆說。」〔註15〕吉川幸次郎認為沙門素慶刊本出自唐鈔。考之內野本，發現確如吉川幸次郎所言「此本之淵原唐鈔」，即淵源於唐人寫本。今不見沙門素慶刊本存世，從唐人寫本到內野本之間，是否曾經存在一沙門素慶刊本，仍有疑問。內野本尚存於世，島田翰曾見到內野本，「青山相公所藏書本，實為其影鈔本，恐曆應、貞和間所鈔」〔註16〕。此部內野本後又歸東京內野皎亭。1935年，京都大學東方文化研究所借得此本，攝影成寫真照片，用來校勘《尚書正義定本》，校記中稱此本為「內野本」，學界遂沿用這一名稱。內野本原件今藏於日本靜嘉堂文庫，1940年東方文化研究所曾根據寫真照片影印出版，顧頡剛、顧廷龍《尚書文字合編》根據東方文化研究所影本再次出版，筆者對內野本的探討與使用，即根據《尚書文字合編》再次影印之本。日本公私藏書機構還保存了其它若干部珍貴古本，如日本岩崎文庫所藏初唐時期寫本《古文尚書》殘卷〔註17〕。又如敦煌文獻所見《古文尚書》殘卷，亦彌足珍貴，諸如此類文本，不一一列舉。以上所述寫本、版本，在考正《尚書注疏》文字問題方面，價值極高。

　　今人引用《十三經注疏》，多據阮本，無論是影印本或整理本，都在文本上存在著頗多問題，尤其是圈字之處，亟需重加校正，筆者補充若干版本材料，分卷彙校阮本圈字之處，參考前人校勘成果，考正校語，重定是非，有助於《尚書注疏》之深入整理，對《尚書》注疏版本問題的略陳己見，冀可對《尚書注疏》校勘工作有所推進。

　　本書出校各條，先列阮刻《尚書注疏》經傳注疏及釋文圈字所在文句。

〔註14〕〔日〕島田翰《古文舊書考》，上海古籍出版社，2014年版，頁232、頁233。
〔註15〕〔日〕吉川幸次郎《內野本跋》，《尚書文字合編》第四冊，附錄頁462、頁463。
〔註16〕〔日〕島田翰《古文舊書考》，上海古籍出版社，2014年版，頁233。
〔註17〕見岩崎文庫公開的網絡全文影響，請求番號「一〇-996」。

所據底本為浙江大學出版社二〇一四年影印上海圖書館藏嘉慶年間江西南昌府學刊本晚印本《重栞宋本尚書注疏附校勘記》，簡稱阮本，所附校勘記簡稱盧記。各條所標卷數頁碼即此影印本之卷數和板心頁碼，每頁再分左右，阮本類多缺筆避諱之字，為便行文，所引者一律改作通行文字。參考藝文印書館，二〇〇七年影印嘉慶年間早印本《十三經注疏·尚書注疏》。

各條次為按語，首列諸本圈字相應文字同異情況，主要參校版本及簡稱如下：

1.《尚書正義》，日本宮內廳書陵部圖書寮文庫藏宋刊單疏本，簡稱單疏本。

2.《中華再造善本叢書·尚書正義》，北京圖書館出版社，二〇〇六年影印國家圖書館藏楊守敬舊藏宋兩浙東路茶鹽司刻本，簡稱八行本。

3.《日本足利學校藏國寶及珍稀漢籍十四種·尚書正義》，北京大學出版社，二〇二一年影印足利學校藏宋兩浙東路茶鹽司刻本晚印本，簡稱八行乙本。

4.《影宋本尚書正義》，日本內閣文庫藏日本弘化四年刊影鈔足利學校藏宋兩浙東路茶鹽司刻本，簡稱足利本。

5.《景印宋本附釋文尚書註疏》，國立故宮博物院，一九八九年影印南宋慶元間建安魏縣尉宅刻本，簡稱九行本。卷十七至卷二十闕。

6.《中華再造善本叢書·尚書註疏》，北京圖書館出版社，二〇〇四年影印國家圖書館藏蒙古刻本，簡稱蒙古本。卷三至卷六為抄本，簡稱蒙古本（抄）。

7.《尚書註疏》，日本關西大學藏八行本，簡稱關西本。

8.《附釋音尚書註疏》，江西省樂平市圖書館藏元刊十行本，簡稱十行本，據版式、字體等特徵於括號內註明其印面所見板片時代。

9.《附釋音尚書注疏》，日本靜嘉堂文庫藏元刊十行本，簡稱靜嘉本，據版式、字體等特徵於括號內註明其印面所見板片時代。

10.《中華再造善本叢書·十三經注疏·附釋音尚書註疏》，北京圖書館出版社，二〇〇六年影印北京市文物局藏劉盼遂舊藏元刊明

修本，簡稱劉本，據版式、字體等特徵於括號內註明其印面所見板片時代。

11.《擇是居叢書・尚書註疏》，民國十五年張鈞衡影刻永樂刊本，簡稱永樂本。

12.《尚書註疏》，哈佛大學漢和圖書館藏明嘉靖李元陽刊初刻初印本，簡稱閩本。

13.《十三經注疏・尚書註疏》，日本內閣文庫藏萬曆十七年刊本，簡稱明監本。

14.《十三經注疏・尚書註疏》，日本東京大學東洋文化研究所藏汲古閣刊本，簡稱毛本。

15.《殿本十三經注疏・尚書注疏》，線裝書局，二〇一三年影印天津圖書館藏武英殿刊本，簡稱殿本。

16.《開成石經・尚書》，《景刊唐開成石經》，中華書局，一九九七年影印一九二六年皕忍堂摹刻本，簡稱唐石經。

17.《宋刊巾箱本八種・尚書》，華東師範大學出版社，二〇一四年影印民國陶氏涉園影印本，簡稱白文本。

18.《中華再造善本叢書・尚書》，北京圖書館出版社，二〇〇六年影印北京大學圖書館藏李氏舊藏宋刻本，簡稱李本。

19.《國立中央圖書館善本叢刊・尚書》，國立中央圖書館一九九一年景印宋乾道淳熙間建安王朋甫刊本，簡稱王本。

20.《四部叢刊初編・監本纂圖重言重意互注點校尚書》，民國線狀影印本，簡稱監圖本。

21.《尚書》，哈佛大學哈佛燕京圖書館藏乾隆四十八年武英殿刊仿相臺岳氏五經本，簡稱岳本。

22.《景印文淵閣四庫全書・尚書要義》，台灣商務印書館一九八三年影印本，所佚卷七至卷九，據《宛委別藏》影鈔本，簡稱《要義》。

23.《尚書文字合編》，上海古籍出版社，一九九六年本。文中所引各敦煌殘卷、日藏唐代寫本、日藏古本，非特殊說明皆據此書所錄。

各條次列阮元《尚書注疏校勘記》與圈字相應之條目，並列盧記同異，

無則不列。所據底本為《續修四庫全書》第一八〇冊《宋本十三經注疏併經典釋文校勘記·尚書注疏校勘記》，上海古籍出版社，二〇〇二年影印南京圖書館藏清嘉慶阮氏文選樓刻本，簡稱阮記。參考《皇清經解·十三經注疏校勘記·尚書校勘記》，上海書店一九八八年影印道光九年學海堂原刊本、鳳凰出版社，二〇〇五年影印上海書局光緒十三年直行本。

各條除羅列以上彙校文字、阮記、盧記之外，並引述它書以及前人相關校勘研究成果，對圈字異文加以考定。所引相關文獻版本及簡稱如下：

1.《中華再造善本叢書·經典釋文》，北京圖書館出版社，二〇〇三年影印國家圖書館藏宋刻宋元遞修本，簡稱《釋文》。

2.《中華再造善本·說文解字》，北京圖書館出版社，二〇〇四年影印國家圖書館藏宋刻宋元明遞修本，簡稱《說文》。

3.《中華再造善本叢書·爾雅》，北京圖書館出版社，二〇〇二年影印國家圖書館藏宋刻本，簡稱《爾雅》。

4. 山井鼎、物觀《七經孟子考文補遺·尚書》,《百部叢書集成》，台灣藝文印書館影印日本原刊本，簡稱《考文》《考文·補遺》。

5. 浦鏜《十三經注疏正字·尚書》,《四庫全書珍本初集》經部二十六集，沈陽出版社，一九九八年影印本，簡稱《正字》。

6. 汪文臺《十三經注疏校勘記識語》,《續修四庫全書》第一八三冊，上海古籍出版社，二〇〇二年影印上海辭書出版社圖書館藏清光緒三年江西書局刻本，簡稱《識語》。

7. 孫詒讓《十三經注疏校記》，齊魯書社，一九八三年版，簡稱孫記。繆荃孫《尚書單疏校勘記》,《嘉業堂叢書》本，簡稱繆記。

其它徵引如《儀禮》《左傳》《周禮》《毛詩》《禮記》《史記》《漢書》《國語》《玉海》《匡謬正俗》《方言》《孔子家語》等諸多典籍，隨文說明版本及其來源，在此不一一列舉。

尚書正義序

1. 頁一右　古之正者

按：「正」，單疏本作「王」，八行本、八行乙本、足利本、九行本、蒙古本、關西本、十行本（元）、永樂本、閩本、明監本、毛本同；靜嘉堂本（正德六年）作「正」；劉本（正德六年）作「王」。阮記引文作「古之王者」云：「十行本誤作『正』。」盧記引文「古之正者」，云：「案：『正』當作『王』。」考單疏本疏云「古之王者，事總萬機，發號出令」，揆諸文義，作「王」是也。十行本作「王」，不作「正」，則阮記所謂十行本非元刊十行本也，或為明修本，靜嘉堂本無板心文字，細繹其版式字體與劉盼遂所藏元刻明修十行本同，而劉本此頁為正德六年補刊印面，作「王」，檢日本京都大學藏元刊明修本此處作「正」，此頁亦為正德六年補刊印面，或因誤認則明修本已譌「王」作「正」，遂為阮本所承也。

2. 頁二左　怗釋注文

按：「怗」，單疏本、八行本、八行乙本、足利本、九行本、蒙古本、關西本、十行本（元）、靜嘉堂本（元）、劉本（嘉靖）、永樂本、閩本、明監本、毛本皆同；《要義》所引作「帖」。阮記云：「浦鏜云：『怗』疑『詀』字誤。○按：『怗』疑『帖』字誤。」盧記同。諸本皆同，考《禮記・樂記》云：宮商角徵羽，「五者不亂，則無怗懘之音」，此《疏》云「諸公旨趣多或因循，怗釋注文，義皆欠略」，怗字字義正同，「怗」字不誤，浦說、阮記皆誤矣，四庫本《要義》作「帖」或為傳寫之誤。

3. 頁三左　謹共銓敘

按：「銓」，單疏本、八行本、八行乙本、足利本、九行本、蒙古本、關西本、十行本（元）、靜嘉堂本（元）、閩本、明監本、毛本同；劉本（嘉靖）作「詮」。阮記云：「按：『銓』應作『詮』。」盧記同。殿本《考證》云「『銓』字疑應作『詮』」，阮記疑本此。銓敘為古人成語，史籍多見，作「銓」不誤，阮記非也。

卷　一

1. 頁一左　言序述尚書起

　　按：「起」，關西本、十行本（元）、靜嘉堂本（元）、劉本（元）、永樂本、閩本、明監本同；單疏本作「起記」，八行本、八行乙本、足利本、九行本、蒙古本、毛本同。阮記引文「言序述尚書起記」，云：「十行、閩、監俱無『記』字，浦鏜云：『記』疑『訖』字誤。按：浦是也。」盧記引文「言序述尚書起」，云：「閩本、明監本同，宋本『起』下有『記』字，浦鏜云：『記』疑『訖』字誤。按：『訖』字是也。」考單疏本疏文云：「序者言序述尚書起記存亡註說之由」，記者，《尚書》所記也，「記」字不可闕，浦說、阮記皆非也。

2. 頁一左　繫辭上

　　按：「上」，關西本、十行本（元）、靜嘉堂本（元）、劉本（元）、永樂本、閩本同；九行本作「云」，蒙古本、毛本、王本、監圖本同；明監本作「下」。阮記引文「繫辭云」，云：「云，十行本誤作『上』。」盧記云：「按：『上』當作『云』。」此《釋文》，考《經典釋文·尚書音義上》「結繩」條，正作「云」，作「云」是也，或附釋音經注本與單疏本合刻時而致誤也。

3. 頁二左　上古結繩以治

　　按：「以」，單疏本、八行本、八行乙本、足利本、九行本、蒙古本、關西本、十行本（元）、靜嘉堂本（元）、劉本（元）、永樂本同；閩本作「而」，明監本、毛本同。阮記引文「上古結繩而治」，云：「『而』，宋板、十行俱作

『以』。○按：『《繫辭》作『而』。』盧記無說。宋元刊本皆作「以」，閩本改作「而」不知何據，阮記不可信從也。今疑閩本或據上疏文「亦以繫辭云上古結繩而治後世」改。

4. 頁三右　循飛七也

按：「飛」，單疏本、八行本、八行乙本、足利本、九行本、蒙古本、關西本、十行本（元）、靜嘉堂本（元）、劉本（元）、永樂本同；閩本作「蜚」，明監本、毛本同。阮記引文「循蜚七也」，云：「『蜚』，宋板、十行、正德本俱作『飛』。」盧記引文「循飛七也」，云：「宋本、正德本同，毛本『飛』作『蜚』。」宋元刊本皆作「飛」，作「飛」是也，閩本改作「蜚」，不知何據。《考文》云「蜚，作『飛』，正德本同」，阮記或本之。

5. 頁三右　流訖十也　斷其淣訖

按：「流訖」，單疏本、八行本、八行乙本、足利本、九行本、蒙古本、關西本、十行本（元）、靜嘉堂本（元）、劉本（元）、永樂本同；閩本作「疏仡」，明監本、毛本同。「淣訖」，十行本、靜嘉堂本、劉本（元）同；單疏本作「流訖」，八行本、八行乙本、足利本、九行本、蒙古本、關西本同；閩本作「疏仡」，明監本、毛本同；永樂本作「說訖」。阮記引文「疏仡十也」，云：「『疏仡』，宋板、正德本俱作『流訖』，下同。十行本此作『流訖』，下誤作『淣訖』。山井鼎曰：《史記‧三皇本紀》載此及上條與宋板同，但『循』作『脩』。」盧記引文「流訖十也」，云：「宋本、正德本同，毛本『流訖』改作『疏仡』。案：此本『流訖』，下誤作『淣訖』。山井鼎曰：《史記‧三皇本紀》載此及上條與宋板同，但『循』作『脩』。」宋元刊本皆作「流訖」，作「流訖」是也，閩本改作「疏仡」，不知何據。《考文》云「疏仡，作『流訖』……正德本同」，阮記或本之。

6. 頁三左　背文曰義翼文曰順

按：單疏本、八行本、八行乙本、足利本、九行本、蒙古本、十行本（元）、靜嘉堂本（元）、劉本（元）、永樂本、閩本、明監本、毛本皆同。阮記云：「浦鏜云：『翼』『背』字互誤，『禮』誤『順』。○按：『順』字不誤，浦云非也。《毛詩》《左傳正義》及《周禮疏》引並可證，惟《埤雅》引作『翼文曰

禮』。王念孫云：『順』字與下『膺文曰仁，腹文曰信』為韻，若作『禮』則失其韻矣。」盧記同。諸本皆同，檢南宋淳熙刊《山海經》卷十八《海內經》，正作「翼文曰順」「背文曰義」，則原文不誤，浦說非也。

7. 頁四右　與孔子同

按：「子」，九行本、關西本、十行本（元）、靜嘉堂本（元）、劉本（元）、永樂本、閩本、明監本、毛本、王本同；蒙古本作「不」，監圖本同。阮記引文「與孔不同」，云：「不，十行本、毛本俱誤作『子』。」盧記云：「按：『子』當作『君』。」此《釋文》，考《經典釋文・尚書音義上》「虞」條，正作「不」，作「不」是也，或附釋音經注本與單疏本合刻時而致誤也。《正字》引文「與孔不同」，云「不誤子」，是也。阮記是也，盧記誤甚。

8. 頁四右　言及便稱

按：「便稱」，單疏本、八行本、八行乙本、足利本、九行本、蒙古本、關西本、十行本（元）、靜嘉堂本（元）、劉本（元）、永樂本同；閩本作「稱便」，明監本、毛本同。阮記引文「言及稱便」，云：「『稱便』二字，宋板、十行俱倒。」盧記引文「言及便稱」，云：「宋本同。按：『便稱』二字當倒。」考單疏本疏文云「此三皇五帝，或舉德號，或舉地名，或直指其人，言及便稱，不為義例」，便稱者，方便之稱謂也，即德號、地名等也，原文不誤，閩本等誤改，阮記、盧記皆非。

9. 頁四左　案左傳上有三墳五典

按：「上」，單疏本、八行本、九行本、蒙古本、關西本、十行本（元）、靜嘉堂本（元）、劉本（元）、永樂本、閩本、明監本、毛本同；八行乙本作「止」，足利本同。阮記云：「『上』，宋板作『止』，是也。」盧記同。單疏本等皆作「上」，作「上」是也。案八行本版心刻工為「陳安」，八行乙本版心刻工為「余敏」，據此可知八行乙本此葉為補板，疑其補板時誤作「止」。

10. 頁四左　案周禮小史職掌三皇五帝之書

按：「小」，單疏本、八行本、八行乙本、足利本、九行本、蒙古本、關西本、十行本（元）、靜嘉堂本（元）、劉本（元）、永樂本、閩本、明監本、毛

本皆同。阮記云:「浦鏜云:『外』誤『小』,是也。」盧記「是也」後有「下同」二字,餘同。檢《周禮》外史職為掌三皇五帝之書,則「小」字似當為「外」字之譌,浦說是也。

11. 頁五右　又云五帝坐

按:「坐」,單疏本、八行本、八行乙本、足利本、九行本、關西本、十行本(元)、靜嘉堂本(元)、劉本(元)、永樂本同;蒙古本作「座」,閩本、明監本、毛本同。阮記引文「又云五帝座」,云:「『座』,十行本作『坐』,下文仍作『座』。」盧記引文「又云五帝坐」,云:「按:『坐』當作『座』。」考下《疏》云「若六帝何有五座」,則作「座」是也。

12. 頁五右　何燧人說者以為伏羲之前

按:「何」,單疏本、八行本、八行乙本、足利本、九行本、蒙古本、關西本、十行本(元)、靜嘉堂本(元)、劉本(元)、永樂本、閩本、明監本、毛本皆同。阮記云:「浦鏜云:『何』疑『又』字誤。」盧記同。諸本皆同,作「何」不誤,浦說不可信從。

13. 頁五左　舜非三王亦非五帝

按:「王」,單疏本、八行本、八行乙本(抄)、足利本、九行本、蒙古本、關西本、十行本(元)、靜嘉堂本(元)、劉本(元)、永樂本、閩本同;明監本作「皇」,毛本同。阮記引文「舜非三皇」,云:「『皇』,宋板、十行、閩本俱作『王』。」盧記引文「舜非三王」,云:「『皇』,宋板、十行、閩本俱作『王』。」宋元刊本皆作「王」,明監本改作「皇」,不知何據。盧記引文與阮記異,而所云照抄不改,文辭不通,顯誤。

14. 頁六右　是墳典亦是尚書之內而小史偏掌之者

按:「小」,單疏本、八行本、八行乙本、足利本、九行本、蒙古本、關西本、十行本(元)、靜嘉堂本(元)、劉本(元)、永樂本、閩本、明監本、毛本皆同。阮記云:「浦鏜云:『外』誤『小』。」盧記無說。檢《周禮》外史職為掌三皇五帝之墳典,則「小」字似當為「外」字之譌,浦說是也。

15. 頁七右　此索於左傳亦或謂之索

按：「索」，單疏本、八行本、九行本、蒙古本、關西本、十行本（元）、靜嘉堂本（元）、劉本（元）、永樂本、閩本、明監本、毛本同；八行乙本作「素」，足利本同。阮記云：「下『索』字，宋板作『素』。○按：宋本是也。」盧記云：「宋本下『索』字作『素』，按：『素』字是也」。此《疏》釋經，經文云「八索」，《左傳》昭公十二年云「能讀三墳五典八索九丘」，《釋文》云「本或作『素』」，則作「素」是也，《考文》引宋板作「素」，阮記或本之，《正字》云「素，誤『索』」，是也。案八行乙本此葉為補板，補板時改「索」作「素」，是。

16. 頁九左　而禹身事受禪之後無入夏書之言

按：單疏本、八行本、八行乙本、足利本、九行本、蒙古本、關西本、十行本（元）、靜嘉堂本（元）、劉本（元）、永樂本、閩本、明監本、毛本皆同。阮記云：「浦鏜云：『理』誤『言』，從後《堯典》下《疏》挍。許宗彥曰：『事』乃『自』字之誤，言禹所言皆在受禪之前，入於《虞書》，自受禪後，更無入《夏書》之言，是也。下《堯典》下《疏》同此義。」盧記同。諸本皆同，原文不誤，浦說、阮說皆不可信。

17. 頁十右　反遭秦始皇滅除之

按：「反」，單疏本、八行本、八行乙本、足利本、九行本、蒙古本、關西本、十行本（元）、靜嘉堂本（元）、劉本（元）、永樂本、閩本、明監本、毛本皆同。阮記云：「浦鏜云：『反』當『及』字誤。○按：當『又』字誤。」盧記同。諸本皆同，原文不誤，浦說、阮說皆不可信。

18. 頁十一右　故臣晁錯往受之

按：「臣」，單疏本、八行本、八行乙本、足利本、九行本、蒙古本、關西本、十行本（元）、靜嘉堂本（元）、劉本（元）、永樂本、閩本、毛本同；明監本無。阮記云：「監本無『臣』字，浦鏜云：『臣』字衍。是也。」盧記同。諸本皆同，惟明監本無，有者不誤，浦說不可信也。

19. 頁十一右　其後兵火起流

按：單疏本、八行本、九行本、蒙古本、關西本、十行本（元）、靜嘉

堂本（元）、劉本（元）、永樂本同；八行乙本作「其後兵大起流亡」，足利本、明監本、毛本同；閩本作「其後兵大起流」；《要義》所引作「其後兵火起劉」。阮記引文「其後兵大起流亡」，云：「十行本『大』作『火』，脫『亡』字，閩本亦脫『亡』字。」盧記引文「其後兵火起流」，云「案：『流』下當有『亡』字。」此引《史記・伏生傳》，檢之，其作「其後兵大起流亡」，此處孔《疏》，宋元諸本與《史記》文異，或為譌誤，或因所本不同，難為定讞。八行乙本「流亡」二字擠刻，則其作「其後兵大起流亡」一句顯為補板時所改。

20. 頁十一左　宣帝泰和元年

按：「泰和」，單疏本、八行本、八行乙本、足利本、九行本、蒙古本、關西本、十行本（元）、靜嘉堂本（元）、劉本（元）、永樂本、閩本同，《要義》所引亦同；明監本作「本始」，毛本同。阮記引文「宣帝本始元年」，云：「本始，宋板、十行、閩本俱作『泰和』，誤。」盧記引文「宣帝泰和元年」，云「宋本、閩本同，毛本『泰和』作『本始』，案：所改是也。」漢宣帝無泰和年號，考《釋文》云「漢宣帝本始中河內女子得《泰誓》一篇」，則作「本始」是也，明監本作「本始」，則非毛本所改也。

21. 頁十四左　曾多伏生二十五篇者

按：「曾」，十行本（元）、靜嘉堂本（元）、劉本（元）、永樂本、閩本同；單疏本作「增」，八行本、八行乙本、足利本、九行本、蒙古本、關西本、明監本、毛本同。阮記引文「增多伏生二十五篇者」，云：「『增』，十行、閩本俱誤作『曾』。」盧記引文「曾多伏生二十五篇者」，云：「閩本同。毛本『曾』作『增』。案：『增』字是。」十行本作「曾」，誤，後以墨筆寫作「增」。當從單疏本等作「增」字是。

22. 頁十四左　亦壁內古文而合之者

按：「之」，永樂本、明監本、毛本同；單疏本無「之」字，八行本、八行乙本、足利本、九行本、蒙古本、關西本同；十行本（元）作「者」，靜嘉堂本（元）、劉本（元）、閩本同。盧記引文「亦壁內古文而合者者」，云：「毛本下『者』字作『也』。」盧記此處誤校，當云毛本上「者」字作「之」。單疏本

等無「之」字是。十行本刊刻時誤衍一「者」字，永樂本、明監本改上「者」字作「之」，雖文義暢通，卻非疏文原貌。

23. 頁十四左　及以王若曰庶邦亦誤矣

按：「及」，單疏本、八行本、八行乙本、足利本、九行本、蒙古本、關西本、十行本（元）、靜嘉堂本（元）、劉本（元）、永樂本、閩本、明監本、毛本皆同。阮記云：「浦鏜云：『及』當『乃』字誤。」盧記同。諸本皆同，浦說不知何據，不可信從。

24. 頁十六左　即詔丞相劉屈氂

按：「氂」，單疏本、八行乙本、八行本、足利本、九行本、蒙古本、關西本、十行本（元）、靜嘉堂本（元）、劉本（元）、永樂本、閩本同；明監本作「氂」，毛本同。阮記引文「即詔丞相劉屈氂」，云：「氂，十行、閩本俱作『氂』。○案：『氂』字非也。」盧記引文「即詔丞相劉屈氂」，云：「閩本同，明監本、毛本『氂』作『氂』，按：『氂』字非也。」檢《漢書》，「劉屈氂」「劉屈氂」並用，則作「氂」不誤，阮記、盧記皆非也。

25. 頁十六左　太子看長安囚與鬪

按：關西本、十行本（元）、靜嘉堂本（元）、劉本（元）、永樂本同；單疏本作「太子赦長安囚與鬪」，九行本、蒙古本同；八行本作「太子赦長安囚與鬪」，八行乙本、足利本同；閩本作「太子釋長安囚與鬪」，明監本、毛本皆同。阮記引文「太子釋長安囚與鬪」，云：「十行本『釋』誤作『看』、『囚』誤作『因』，監本『囚』誤作『國』、『鬪』誤作『聞』。」盧記引文「太子看長安因與鬪」，云：「毛本『看』作『釋』、『因』作『囚』，案：所改是也。監本『囚』作『國』、『鬪』作『聞』，並誤。」檢《漢書·公孫賀傳》「太子亦遣使者矯制赦長安中都官囚徒」，則八行本作「太子赦長安囚與鬪」者是也，其他異文，似皆非也。《正字》云「監本『囚』誤作『國』、『鬪』誤作『間』」，此明監本作「囚與鬪」，而重修監本作「國與間」，則浦鏜此處所謂監本乃指重修監本也，阮記、盧記似承浦說，然改「間」為「聞」，並誤矣。

26. 頁十六左　奔湖關自殺

按：「湖關」，單疏本、八行本、八行乙本、足利本、九行本、蒙古本、關西本、十行本（元）、靜嘉堂本（元）、劉本（元）、永樂本、閩本同；明監本作「湖遂」，毛本同。阮記引文「奔湖遂自殺」，云：「遂，宋板、十行本《正義》、二監本、閩本俱作『關』，山井鼎曰：作『遂』似是。○按：湖，地名也，作『湖關』者，殆因壺關而誤。」盧記引文「奔湖關自殺」，云：「宋本、明監本、閩本同，毛本『關』作『遂』，山井鼎曰：作『遂』似是。○按：湖，地名也，作『湖關』者，殆因壺關而誤。」宋元刊本皆同，檢《史記・范雎列傳》「范雎入秦至湖關」，則湖關實有其地，非壺關之誤，明監本改作「湖遂」，不知何據，不可信從，阮記按語誤甚。

卷 二

1. 頁六右　能順考古道而行之者帝堯

按：八行本、八行乙本、足利本、九行本、蒙古本、關西本、十行本（元）、靜嘉堂本（元）、劉本（元）、永樂本、閩本、明監本、毛本、李本、王本、監圖本、岳本皆同。阮記云：「古本『能』上有『言』字，『堯』下有『也』字。」盧記同。諸本皆同，阮記所引古本，不可信據也。

2. 頁七左　向不向上

按：「不」，十行本（元）、靜嘉堂本（元）、劉本（元）、永樂本同；單疏本作「下」，八行本、八行乙本、足利本、九行本、蒙古本、關西本、閩本、明監本、毛本同。阮記引文「向下向上」，云：「下，十行本誤作『不』。」盧記引文「向不向上」，云：「岳本、宋本『不』作『下』，案：『下』字是也，閩本以下並不誤。」向不，不辭，作「下」是也，當從單疏本等。

3. 頁八右　皆變化化上

按：「化」，八行本、八行乙本、足利本、九行本、蒙古本、關西本、十行本（元）、靜嘉堂本（元）、劉本（元）、永樂本、閩本、李本、王本、監圖本、岳本同；明監本作「從」，毛本同。阮記引文「皆變化從上」，云：「『化』下古本有『今』字，按：『今』或是『令』字之誤。從，古本、岳本、十行、正、嘉閩本、《纂傳》俱作『化』。」盧記引文「皆變化化上」，云：「岳本、閩本、《纂傳》同，毛本下『化』字作『從』，又古本『化』下有『今』字，

按：『今』或是『令』字之誤。」此孔《傳》，宋元刊本皆作「化」，考單疏本疏文云「故知謂『天下眾人皆變化化上』」，則孔穎達所見本亦作「化」，作「化」是也，明監本改作「從」，不知何據，或其見疏文釋經云「於是變化從上」，此為述語，非引《傳》文，豈可據之而改？絕不可從也。

4. 頁八右　然則俊德謂有德又

按：「又」，單疏本、八行本、九行本、蒙古本、關西本、十行本（元）、靜嘉堂本（元）、劉本（元）、永樂本、閩本、明監本、毛本同；八行乙本作「人」，足利本同。阮記云：「又，宋板作『人』，是也。」盧記云：「宋本『又』作『人』，是也。」考孔《傳》云「能明俊德之士」，八行乙本疏文云「然則俊德謂有德人，『能明俊德之士』者謂命為大官，賜之厚祿，用其才智，使之高顯也」，若作「又」，則辭氣頓滯，義不可通，作「人」是也，當從八行乙本、足利本，阮記是也。八行本版心刻工為「丁璋」，而八行乙本版心刻工為「張明」，八行乙本此葉為補板，補板時改「又」作「人」。《正字》云「又，當『云』字誤」，純屬猜測，不可信從。

5. 頁九右　故知謂天下眾人皆變化化上

按：「化」，單疏本、八行乙本、足利本、九行本、蒙古本、關西本、十行本（元）、靜嘉堂本（元）、劉本（元）、永樂本、閩本同；八行本作「從」，明監本、毛本同。阮記引文「故知謂天下眾人皆變從化上」，云：「從，宋板、十行、正、嘉閩本俱作『化』，山井鼎曰：作『化』與注合矣。」盧記引文「故知謂天下眾人皆變化化上」，云：「宋本、閩本同，毛本『化』作『從』，山井鼎曰：作『化』與注合。」據此上考證，作「化」是也，八行本原作「從」，後被描改為「化」。

6. 頁九右　敬授人時

按：「人」，八行本、八行乙本、足利本、九行本、蒙古本、關西本、十行本（元）、靜嘉堂本（元）、劉本（元）、永樂本、閩本、明監本、毛本、李本、王本、監圖本、岳本、唐石經、白文本皆同。阮記云：「人，古本作『民』，注同。按：唐以前引此句未有不作『民』者，《疏》云『敬授下人以天時之早晚』，下人猶下民也，知孔《疏》所据之本，猶作『民』字，後人因《疏》作

『人』，並經傳改之，自開成石經以後，沿誤至今，《舜典》『食哉惟時』，《傳》曰『惟當敬授民時』，此未經改竄者。」盧記同。諸本皆同，《尚書文字編》錄魏石經作「民時」，則阮說應是。

7. 頁九右　掌天地四時之官

按：「四時」，八行本、八行乙本、足利本、九行本、蒙古本、關西本、十行本（元）、靜嘉堂本（元）、劉本（元）、永樂本、閩本、明監本、毛本、李本、王本、監圖本、岳本皆同。阮記云：「《史記集解》無『四時』二字，按：《疏》意似亦無此二字。」盧記同。諸本皆同，檢宋景祐本、紹興本《史記集解·夏本紀》引孔《傳》皆有「四時」，則阮記所謂「《史記集解》無『四時』二字」，真可謂無稽之談，原文不誤。

8. 頁九左　平秩南訛

按：「訛」，八行本、八行乙本、足利本、九行本、蒙古本、關西本、十行本（元）、靜嘉堂本（元）、劉本（元）、永樂本、閩本、明監本、毛本、李本、王本、監圖本、岳本、唐石經、白文本皆同，《要義》所引亦同。阮記云：「按：《史記》『便程南譌』，《集解》引孔安國曰譌化也，《索隱》曰為依字讀，孔安國強讀為訛字，《正義》亦云為音于偽反。然則史文及注，皆當作『為』，今作『譌』，非也。至孔本經傳，亦皆當作『為』，若經文本是訛字，可得云安國強讀耶？又《羣經音辨》『人部』云：譌，化也，音訛，《書》『平秩南偽』。蓋古文譌、偽通用，《漢書·王莽傳》亦作『南偽』。○按：今本《史記》『為』作『譌』者，妄依衛包所改《尚書》。」盧記惟「本是」作「木是」，餘同。諸本皆同，宋本《釋文》出字「南訛」，此經文系統作「訛」，《史記》作「譌」，此史學系統作「譌」，乃別本之異，非是非之別，阮記不可信從也。

9. 頁十右　寅餞納日

按：「餞」，八行本、八行乙本、足利本、九行本、蒙古本、關西本、十行本（元）、靜嘉堂本（元）、永樂本、閩本、明監本、毛本、李本、王本、監圖本、岳本、唐石經、白文本皆同，《要義》所引亦同；劉本此葉闕。阮記云：「按：餞納，《羣經音辨》作『淺內』，詳見《釋文挍勘記》。」盧記云

「按：餞納，《羣經音辨》作『淺內』。○補《釋文校勘記》：段玉裁云『餞』本是『淺』字，開寶依唐石經改為『餞』，餞安得訓為滅也。案：《羣經音義》『水部』云：淺，送也，滅也，《書》『寅淺內日』。」諸本皆同，《釋文》出字「餞」，單疏本疏文引經云「寅餞納日」，則其所見亦作「餞」，作「餞」不誤。孔《傳》云「餞，送也」，餞送為成語，《釋文》引馬云「餞，滅也」，此本非《傳》意，豈可據之以疑經？段說絕不可從。

10. 頁十右　西方萬物成

　　按：八行本、八行乙本、足利本、九行本、蒙古本、關西本、十行本（元）、靜嘉堂本（元）、永樂本、閩本、明監本、毛本、李本、王本、監圖本、岳本皆同，《要義》所引亦同；劉本此葉闕。阮記云：「『成』上古本有『咸』字。」盧記同。諸本皆同，古本不可信從。

11. 頁十左　鳥獸皆生而毨細毛以自溫焉

　　按：十行本（元）、靜嘉堂本（元）、永樂本同；八行本作「鳥獸皆生奊毨細毛以自溫」，八行乙本、足利本、李本同，《要義》所引亦同；九行本作「鳥獸皆生奊毨細毛以自溫焉」，蒙古本、關西本、閩本、明監本、毛本、王本、監圖本、岳本同；劉本此葉闕。阮記引文「鳥獸皆生奊毨細毛以自溫焉」，云：「陸氏曰：奊，如兗反，本或作『濡』，音儒。○按：十行本誤作『而』，宋板無『焉』字，與《疏》標題不合。」盧記引文「鳥獸皆生而毨細毛以自溫焉」，云：「岳本、閩本、明監本、毛本『而』作『奊』。陸氏曰：奊，如兗反，本或作『濡』，音儒。是作『而』字誤也。又宋板無『焉』字，與《疏》標題不合。」考疏文引經云「故鳥獸皆生奊毨細毛以自溫焉」，據此，則作「奊」是也，「焉」字有無，則難以確知也。

12. 頁十一左　其後三苗復九黎之惡

　　按：「惡」，單疏本、八行本、八行乙本、足利本、九行本、蒙古本、關西本、十行本（元）、靜嘉堂本（元）、劉本（元）、永樂本、閩本同；明監本作「德」，毛本同。阮記引文「其後三苗復九黎之德」，云：「德，宋板、十行、閩本俱作『惡』。○按：作『惡』，與《國語·楚語》異。」盧記引文「其後三苗復九黎之惡」，云：「宋本、閩本同。毛本『惡』作『德』。按：作『惡』，與

《國語・楚語》異。」宋元刊本皆作「惡」，此孔《疏》所見者，與傳世刊本作「德」者異，檢《國語》注云「三苗為亂行其凶德，如九黎之為也」，則此德與惡同義，原文不誤，明監本改作「德」，不知何據，不可信從。

13. 頁十二右　火掌為地

按：「掌」，單疏本、八行本、八行乙本、足利本、九行本、蒙古本、關西本、十行本（元）、靜嘉堂本（元）、劉本（元）、永樂本、閩本、明監本、毛本皆同。阮記云：「《詩・檜風・正義》引《鄭志》作『火當為地』。」盧記同。諸本皆同，阮說存疑可也。

14. 頁十二左　黎言地以屬人

按：「言」，靜嘉堂本（元）、劉本（元）、永樂本、閩本同；單疏本作「司」，八行本、八行乙本、足利本、九行本、蒙古本、關西本、明監本、毛本同；十行本（元）作「𤔲」。阮記引文「黎司地以屬人」，云：「司，十行、閩本俱作『言』，誤。」盧記引文「黎言地以屬人」，云：「閩本同。毛本『言』作『司』。按：所改是也。」考前《疏》云「重司天，黎司地」，又此引《楚語》，檢之正作「司」，則作「司」是也，阮記是也。此「司」，元刊本字形筆畫已有缺損，京都本、劉本此頁皆為元刊後印本，遂誤補作「言」，永樂本、閩本、阮本皆承此誤。

15. 頁十四右　而日從谷之出也

按：「之」，單疏本、八行本、八行乙本、足利本、九行本、蒙古本、關西本、十行本（元）、靜嘉堂本（元）、劉本（元）、永樂本、閩本同，《要義》所引亦同；明監本作「以」，毛本同。阮記引文「而日從谷以出也」，云：「以，宋板、十行、閩本、《纂傳》俱作『之』，按：作『之』似誤。」盧記引文「而日從谷之出也」，云：「宋本、閩本、《纂傳》並同。毛本『之』作『以』。」日從谷之出，即日從谷出，之為副詞，補足語氣，宋元刊本皆作「之」，明監本改為「以」，不知何據，不可信從，阮記所疑非是。

16. 頁十五右　特言東作

按：「特」，單疏本、八行本、八行乙本、足利本、九行本、蒙古本、關

西本、十行本（元）、靜嘉堂本（元）、劉本（元）、永樂本同；閩本作「時」，明監本、毛本同。阮記引文「時言東作」，云：「時，宋板、十行俱作『特』，非也。」盧記引文「特言東作」，云：「宋本同，岳本、閩本、毛本『特』作『時』。案：作『特』非也。」考孔《疏》云「明此以歲事初起，特言『東作』」，特言者，特別言之，此下不復言西作、南作、北作也，作「特」是也，宋元刊本皆作「特」，閩本改作「時」，不知所據，不可信從。阮記謂作「特」非，誤甚。

17. 頁十五右　謂秋分夕日也

按：「日」，單疏本、八行本、八行乙本、足利本、蒙古本、關西本、十行本（元）、靜嘉堂本（元）、劉本（元）、永樂本、閩本、明監本同；九行本作「月」，毛本同。阮記引文「謂秋分夕月也」，云：「月，宋板、十行、閩、監俱作『日』。」盧記無說。考孔《疏》云「又以寅餞納日，謂秋分夕日也」，夕日者，夕陽也，正釋「寅餞納日」，孔《傳》云「餞，送也……日入為送」，與月何涉？作「日」是也，當從單疏本等。

18. 頁十五右　晝暫長增九刻半

按：「暫」，九行本、蒙古本、關西本、十行本（元）、靜嘉堂本（元）、劉本（元）、永樂本、閩本、明監本、毛本同；單疏本作「漸」，八行本、八行乙本、足利本同，《要義》所引亦同。阮記云：「暫，宋板、《纂傳》俱作『漸』，是也。」盧記無說。暫長，不辭，揆諸文義，作「漸」是也，當從單疏本等。

19. 頁十七右　以此而從送入日也

按：「入日」，單疏本、八行本、八行乙本、足利本、九行本、蒙古本、關西本、十行本（元）、靜嘉堂本（元）、劉本（元）、永樂本、閩本、明監本同；毛本作「日入」。阮記引文「以此而從送日入也」，云：「日入，二字十行、閩、監俱倒。」盧記引文「以此而從送入日也」，云：「閩本、明監本同，毛本『入日』作『日入』，案：『入日』誤倒也。」所送者，日也，入日者，落日也，送入日，即送落日，作「入日」是也，當從單疏本等，毛本改作「日入」，不知所據，不可信從，阮記、盧記皆非也。

20. 頁十七右　互者明也

按：「者」，單疏本、八行本、八行乙本、足利本、九行本、蒙古本、關西本、十行本（元）、靜嘉堂本（元）、劉本（元）、永樂本、閩本同，《要義》所引亦同；明監本作「著」，毛本同。阮記引文「互著明也」，云：「著，十行、閩本俱誤作『者』。」盧記引文「互者明也」，云：「岳本『者』作『著』，案：『著』字是也，閩本亦誤作『者』。」宋元刊本皆作「者」，考孔《疏》云「故《傳》辨之云『春言日，秋言夜，互相備也』，互者，明也，明日中宵亦中，宵中日亦中」，作「者」不誤，明監本改作「著」，未知所據，不可信從，阮記、盧記皆非也。

21. 頁十八右　故重明之○傳陬室至溫焉

按：「之」，單疏本、八行本、八行乙本、足利本、九行本、蒙古本、關西本、十行本（元）、靜嘉堂本（元）、劉本（元）、永樂本、閩本、明監本、毛本皆同。阮記引文「故重明之」，云：「浦鏜云：此下當脫『日短至三節』傳《疏》，內有『西方七宿則昴為中故昴為白虎之中星計仲冬日在斗入于申酉地則初昏之時奎婁在午胃昴在己畢觜參在辰』四十五字，餘無攷。」盧記同。諸本皆同，浦言可備一說。

22. 頁十八右　周天二百六十五度四分度一

按：「二」，九行本、關西本、十行本（元）、靜嘉堂本（元）、劉本（元）同；單疏本作「三」，八行本、八行乙本、足利本、蒙古本、永樂本、閩本、明監本、毛本同，《要義》所引亦同。阮記引文「周天三百六十五度四分度一」，云：「三，十行本誤作『二』。」盧記引文「周天二百六十五度四分度一」，云：「宋本『二』作『三』，『三』字是也，閩本一下皆不誤。」作「二」顯誤，當從單疏本等，阮記是也。

23. 頁十八左　有日分三百四十八

按：「日」，單疏本、八行本、八行乙本、足利本、九行本、蒙古本、關西本、十行本（元）、靜嘉堂本（元）、劉本（元）同；永樂本作「曰」；閩本作「餘」，明監本、毛本同。阮記引文「有餘分三百四十八」，云：「餘，宋板、十行本俱作『日』。按：『餘』字是也。」盧記引文「有日分三百四十八」，

云:「宋本同,毛本『日』作『餘』。按:『餘』字是也。」宋元刊本皆作「日」,餘者,餘數也,餘數豈可有三百四十八之多?作「餘」顯非,作「日」是也,考孔《疏》云「月有二十九日半強,為十二月,六大之外,有日分三百四十八,是除小月,無六日」,十二月,每月二十九日,正是三百四十八日,作「日」是也,當從單疏本等,阮記、盧記並誤。

24. 頁十九左　蕩蕩言之奔突

按:「之」,十行本(元)、靜嘉堂本(元)、劉本(嘉靖)、永樂本、閩本同;八行本作「水」,八行乙本、足利本、九行本、蒙古本、關西本、明監本、毛本、李本、王本、監圖本、岳本同。阮記引文「蕩蕩言水奔突」,云:「水,十行、閩本俱誤作『之』。」盧記引文「蕩蕩言之奔突」,云:「閩本同,毛本『之』作『水』,是也。」之奔突,不辭,不知奔突者為誰,考單疏本疏文云「今蕩蕩流行之水,所在方方為害,又其勢奔突」,則奔突者水也,作「水」是也,當從八行本,阮記是也。

25. 頁十九左　有能治者將使之

按:八行本、八行乙本、足利本、九行本、蒙古本、關西本、十行本(元)、靜嘉堂本(元)、劉本(嘉靖)、永樂本、閩本、明監本、毛本、李本、王本、監圖本、岳本皆同。阮記云:「古本作『有能治者將使治也』。」盧記同。諸本皆同,所謂古本,不知所指,不可信也。

26. 頁二十右　好此方名

按:「此」,八行本、八行乙本、足利本、九行本、蒙古本、關西本、十行本(元)、靜嘉堂本(元)、劉本(元)、永樂本、閩本、明監本、毛本、岳本同;李本作「比」,監圖本同;王本漫漶。阮記引文云:「毛氏曰:『比』作『此』誤。」盧記同。阮記所謂毛氏,乃謂毛居正《六經正誤》之說,考足利本疏文云「好比方直之名」,則孔穎達所見本或作「比」,揆諸文義,作「比」是也,當從李本等,阮記是也。

27. 頁二十二左　蕩然惟有水耳

按:「蕩然」,十行本(元)、靜嘉堂本(元)、劉本(元)同;單疏本作「蕩

蕩然」，八行本、八行乙本、足利本、九行本、蒙古本、關西本、永樂本、閩本、明監本、毛本同，《要義》所引亦同。阮記云：「蕩然，宋板作『蕩蕩然』，按：宋板是也。」盧記同。經云「蕩蕩懷山襄陵」，疏文述經，當作「蕩蕩」，當從單疏本也，阮記是也。

28. 頁二十五左　否古今不字

按：單疏本、八行本、八行乙本、足利本、九行本、蒙古本、關西本、十行本（元）、靜嘉堂本（元）、劉本（元）、永樂本、閩本、明監本、毛本皆同。阮記云：「浦鏜云：當作『否不古今字』。盧文弨云：當作『否古文不字』。按：浦義為長，此釋《傳》『否不』也，又前《疏》云：孳、字古今同耳。亦此例。」盧記同。諸本皆同，浦說、盧說皆為猜測，惜無實據。

29. 頁二十五左　令其在側陋者

按：「令」，九行本、蒙古本、關西本、十行本（元）、靜嘉堂本（元）、劉本（元）、永樂本、閩本、明監本、毛本同；單疏本作「今」，八行本、八行乙本、足利本同。阮記云：「『令』，宋板作『今』。」盧記同。案文義，當從單疏本等作「今」是。

30. 頁二十六左　孔子曰人可使由之

按：「人」，單疏本、八行乙本、八行本、足利本、九行本、蒙古本、關西本、十行本（元）、靜嘉堂本（元）、永樂本同；劉本（嘉靖）作「民」，閩本、明監本、毛本同，《要義》所引亦同。阮記引文「民可使由之」，云：「民，宋板、十行俱作『人』。」盧記引文「人可使由之」，云：「宋板同，毛本『人』作『民』。」此處「民」改作「人」，或因避諱，宋元刊本皆作「人」，作「人」是也，當從單疏本。

31. 頁二十七右　此經光指舜身

按：「光」，十行本（元）、靜嘉堂本（元）、劉本（元）、永樂本同；單疏本作「先」，八行本、八行乙本、足利本、九行本、蒙古本、關西本、閩本、明監本、毛本同。阮記引文「此經先指舜身」，云：「先，十行本誤作『光』。」盧記引文「此經光指舜身」，云：「宋本『光』作『先』，是也。」

光指，不辭，作「先」是也，當從單疏本，阮記是也。十行本作「光」，後有批校者以墨筆寫作「先」，蓋批校者亦知「光」字非而「先」字是也。

32. 頁二十七左　世本之言未可據信

按：「未可據信」，單疏本、八行本、八行乙本、足利本、九行本、蒙古本、關西本、十行本（元）、靜嘉堂本（元）、劉本（元）、永樂本、閩本、明監本、毛本皆同，《要義》所引亦同。阮記、盧記皆無說。諸本皆同，原文不誤，不知阮本為何於此加圈。

卷 三

1. 頁一右　似其繼世相傳

　　按：「似」，單疏本、九行本、蒙古本（抄）、關西本、十行本（元）、靜嘉堂本（元）、劉本（元）、永樂本、閩本、明監本、毛本同；八行本作「以」，八行乙本、足利本同，《要義》所引亦同。阮記云：「似，宋板作『以』。」盧記云：「宋板『似』作『以』。」考八行本疏文云「以其繼世相傳，當有國土」，作「似」則文義不通，作「以」是也，當從八行本等。

2. 頁一左　豫章內史梅賾

　　按：「賾」，單疏本、八行本、八行乙本、足利本、九行本、關西本、十行本（元）、靜嘉堂本（元）、劉本（元）、永樂本、閩本、明監本、毛本皆同，《要義》所引亦同；蒙古本（抄）作「頤」。阮記云：「賾，《纂傳》作『頤』。」盧記云：「《纂傳》『賾』作『頤』。」考之史籍，作「賾」是也。

3. 頁二右　聞天朝

　　按：「聞」，蒙古本（抄）、十行本（元）、靜嘉堂本（元）、劉本（元）、永樂本、閩本、明監本同；單疏本作「升聞」，八行本、八行乙本、足利本、九行本、關西本、毛本同。阮記引文「升聞天朝」，云：「十行、閩、監俱無『升』字。」盧記引文「聞天朝」，云：「閩本、明監本、毛本『聞』上有『升』字。」此《疏》引《傳》文，《傳》云「升聞天朝」，則「升」字不可闕，當

-29-

從單疏本等,《正字》云「監本脫『升』字」,是也。

4. 頁二右　叔豹

按:十行本（元）、靜嘉堂本（元）、劉本（元）同;九行本作「叔豹季貍」,蒙古本（抄）、閩本、明監本、毛本、王本、監圖本同;關西本作「叔豹季貍忠肅恭懿宣慈惠和天下之民謂之八元」;永樂本作「叔豹^季貍」。阮記無說,盧記補云:「案:《釋文》『豹』下有『季貍』二字,此脫誤也。」據《釋文》,疑已佚之宋十行本合刻注疏時此處或刊漏部分音義。當從關西本補之。

5. 頁二左　不能嗣成帝位

按:「成」,八行本、八行乙本、足利本、九行本、蒙古本（抄）、關西本、十行本（元）、靜嘉堂本（元）、劉本（元）、永樂本、閩本、明監本、毛本、李本、王本、監圖本、岳本皆同。阮記云:「成,《纂傳》作『承』。」盧記同。諸本皆同,又單疏本疏文釋經云「言己德不堪嗣成帝也」,則其所見本亦作「成」,原文不誤,《纂傳》所引,或為別本也。

6. 頁三右　是五者司為一事

按:「司」,靜嘉堂本（元）、劉本（元）、永樂本同;單疏本作「同」,八行本、八行乙本、九行本、關西本、蒙古本（抄）、閩本、明監本、毛本同。阮記云:「同,十行本誤作『司』。」盧記云:「岳（毛）本『司』作『同』。」作「同」是。靜嘉堂本、劉本作「司」,疑為元刻版片筆畫脫落,明正德、嘉靖年間遂將「同」印作「司」。

7. 頁三右　自我五典五惇哉

按:「自」,單疏本、八行本、八行乙本、足利本、關西本、十行本（元）、靜嘉堂本（元）、永樂本同;蒙古本（抄）作「勑」,劉本（元）、閩本、明監本、毛本同;九行本作「敍」。阮記引文「勑我五典五惇哉」,云:「勑,宋板、十行本俱作『自』,案:宋板非是。」盧記引文「自我五典五惇哉」,云:「宋板同,毛本『自』作『勑』,按:『勑』字是也。」此《疏》引《皋陶謨》,其作「勑」,則作「勑」是也。劉本此葉雖為元刻版葉,然其作「勑」,是嘉靖時期所改。

8. 頁四左　玊者正天文之器

按：「玊」，十行本（元）、靜嘉堂本（元）、劉本（元）、永樂本、毛本同；八行本作「王」，八行乙本、足利本、九行本、蒙古本（抄）、關西本、閩本、明監本、李本、王本、監圖本、岳本同。阮記云：「玊，岳本、閩本、《纂傳》俱作『王』，是也。」盧記云：「岳本、閩本、《纂傳》『玊』作『王』，是也。」此《傳》文，經文云「在璿璣玉衡以齊七政」，足利本《傳》文云「璣、衡，王者正天文之器」，意謂璣與衡乃王者正天文之器也，揆諸文義，作「王」是也，當從足利本，《正字》云「王，誤『玊』」，是也。

9. 頁五右　是為主者正天文之器也

按：「主」，十行本（元）、靜嘉堂本（元）、劉本（元）、永樂本同；單疏本作「王」，八行本、八行乙本、足利本、九行本、蒙古本（抄）、關西本、閩本、明監本同，《要義》所引亦同；毛本作「玉」。阮記引文「是為玉者正天文之器也」，云：「玉，閩本作『王』，按：作『王』是也，十行本作『主』，亦誤。」盧記引文「是為主者正天文之器也」，云：「閩本作『王』，按：作『王』是也，毛本作『玉』尤誤。」此疏引述孔《傳》，據上條考證，作「王」是也。

10. 頁五左　乃日月見四岳及羣牧

按：「月」，九行本、關西本、十行本（元）、靜嘉堂本（元）、劉本（元）、永樂本同；單疏本作「日」，八行本、八行乙本、足利本、蒙古本（抄）、閩本、明監本、毛本同，《要義》所引亦同。阮記引文「乃日日見四岳及羣牧」，云：「日日，十行本誤作『日月』。」盧記引文「乃日月見四岳及羣牧」，云：「岳本『日月』作『日日』。按：『日日』是也，毛本不誤。」經文云「乃日覲四岳羣牧」，又孔《傳》云：「乃日日見四岳及九州牧監」，據此，疏文作「日」是。九行本孔《傳》出「乃日月見四岳及九州牧監」，疑九行本誤據其疏文改動《傳》文。

11. 頁六左　猶卵之裏黃

按：「裏」，關西本、十行本（元）、靜嘉堂本（元）、劉本（元）、永樂本同；單疏本作「裹」，八行本、八行乙本、足利本、九行本、蒙古本（抄）、閩

本、明監本、毛本同，《要義》所引亦同。阮記引文「猶卵之裹黃」，云：「裹，十行本作『裏』。按：陳師凱曰：《晉志》及孔《疏》『裹』字皆作『裹』，取包裹之義。」盧記引文「猶卵之裏黃」，云：「毛本『裹』作『裏』。按：陳師凱曰：《晉志》及孔《疏》『裹』字皆作『裹』，取包裹之義。是『裏』字誤也。」盧記是，當從單疏本等作「裹」。

12. 頁六左　又其南十二度為夏至之日道

按：「二」，單疏本、八行本、八行乙本、足利本、九行本、蒙古本（抄）、關西本、十行本（元）、靜嘉堂本（元）、劉本（元）、永樂本、閩本同，《要義》所引亦同；明監本作「三」，毛本同。《考文・補遺》引文「又其南十三度」，云：「宋板『三』作『二』。」《正字》云：「『二』誤『三』。」阮記引文「又其南十三度為夏至之日道」，云：「三，宋板、十行、閩本、纂傳俱作『二』。」盧記引文「又其南十二度為夏至之日道」，云：「宋板、閩本、纂傳同。毛本『二』作『三』。」孫記云：「『三』誤。」據文義，極南五十五度，當嵩高之上，又其南十二度為夏至之日道，又其南二十四度為春秋分之日道，計之，自極南至春秋分為九十一度，與下疏文「春秋分去極九十一度」相合，故而作「二」是。明監本或見上疏文「見有一百八十二度半強」而改「二」作「三」，明監本為「半強」誤導。然疏文亦云「此其大率也」，不必泥於「半強」之言。

13. 頁六左　恥中丞象之

按：「恥」，十行本（元）、靜嘉堂本（元）、劉本（元）、永樂本同；單疏本作「耿」，八行本、八行乙本、足利本、九行本、蒙古本（抄）、關西本、閩本、明監本、毛本同，《要義》所引亦同。阮記引文「耿中丞象之」，云：「耿，十行本誤作『恥』。」盧記引文「恥中丞象之」，云：「毛本『恥』作『耿』，是也。」據疏文，耿中丞乃是耿壽昌，作「耿」是。

14. 頁七右　王藩

按：「藩」，單疏本、八行本、八行乙本、足利本、九行本、關西本、十行本（元）、靜嘉堂本（元）、劉本（元）同，《要義》所引亦同；蒙古本（抄）作「蕃」，永樂本、閩本、明監本、毛本同。阮記引文「王蕃」，云：「蕃，十行本誤作『藩』。」盧記引文「王藩」，云：「毛本『藩』作『蕃』，是也。」檢

單疏本前疏文出「王蕃《渾天說》曰」，則此處疏文亦當作「蕃」為是。八行本承單疏本之誤。

15. 頁七右　江南宋元嘉年

按：「年」，單疏本、八行本、八行乙本、足利本、九行本、蒙古本（抄）、關西本、十行本（元）、靜嘉堂本（元）、劉本（元）、永樂本、閩本、明監本、毛本皆同，《要義》所引亦同。《正字》引文「江南宋元嘉中」，云：「『中』誤『年』。」阮記云：「浦鏜云：『中』誤『年』。○按：《玉海》卷四引亦作『年』。」檢清光緒九年浙江書局刊本《玉海》卷四《天道》出「宋元嘉年皮延宗又作是渾天論」，可知《正字》改「年」作「中」並無根據，仍當從單疏本等作「年」。

16. 頁七右　有而下者祭百神

按：「而」，十行本（元）、靜嘉堂本（元）、劉本（元）、永樂本同；單疏本作「天」，八行本、八行乙本、足利本、九行本、蒙古本（抄）、關西本、閩本、明監本、毛本同。阮記引文「有天下者祭百神」，云：「天，十行本誤作『而』。」盧記引文「有而下者祭百神」，云：「岳本『而』作『天』，是也，閩本以下皆不誤。」岳本無疏文，盧記此處所謂岳本，當為毛本。檢南宋撫州公使庫刻本《禮記》卷十四《祭法》出「有天下者祭百神」，作「天」是。

17. 頁七右　而傳之類謂攝位事類者

按：「之」，單疏本、八行本、八行乙本、足利本、九行本、蒙古本（抄）、關西本、十行本（元）、靜嘉堂本（元）、劉本（元）、永樂本、閩本、明監本、毛本皆同，《要義》所引亦同。阮記云：「盧文弨云：『之』當作『云』，是也。」盧記同。經文「在璿璣……類於上帝」孔《傳》出「類謂攝位事類」，故阮記以為「之」當為「云」字之訛，當作「而《傳》云『類，謂攝位事類』者」。然據文意，《詩》「是類是禡」，《周禮》「肆師云類造上帝」，《禮記·王制》「天子將出，類乎上帝」，《詩》《周禮》《禮記》之「類」，皆為祭天之事。而孔《傳》之「類」，是謂攝位事類者以攝位而告祭，孔《傳》之「類」為祭名，與《詩》《周禮》《禮記》不同。則仍當從單疏本等作「之」。阮記不可信。

18. 頁九右 　三帛二生

按：「生」，八行本、八行乙本、足利本、九行本、蒙古本（抄）、關西本、十行本（元）、靜嘉堂本（元）、劉本（嘉靖）、閩本、明監本、毛本、李本、王本、監圖本、岳本、唐石經、白文本皆同。阮記云：「按：《儀禮·士昏記疏》引《尚書》云：三帛二生一死摯。宋單疏本『生』作『牲』。考《風俗通·山澤篇》及劉昭注補《後漢書·祭祀志上》引此經俱作『二牲』，是漢世經文如此。孔《傳》古本蓋亦作『牲』，賈《疏》所引尚存其舊。今經及賈《疏》俱作『生』，古本遂湮矣。〇按《史記·封禪書》《漢書·郊祀志》並作『牲』。」盧記同。檢宋建安黃善夫家塾刻本《史記》卷二八《封禪書》、宋覆刻景祐本《漢書》卷二五《郊祀志》皆作「三帛二牲」。或有古本作「牲」者，存之待考。

19. 頁十右 　各使陳進治禮之言

按：「禮」，八行本、八行乙本、足利本、九行本、蒙古本（抄）、關西本、十行本（元）、靜嘉堂本（元）、劉本（嘉靖）、永樂本、閩本同；明監本作「理」，毛本、李本、王本、監圖本、岳本同。《考文》引文「各使陳進治理之言」，云：「〔古本〕『理』作『禮』。」阮記云：「理，古本、十行、正、嘉、閩本俱作『禮』。毛氏曰：《正義》云：各使自陳進其治化之言，監本作『治禮之言』誤，興國軍本作『治理』。」盧記云：「古本、閩本、明監本同，興國本『禮』作『理』，毛本亦作『理』。案《正義》『各使自陳進其治化之言』，是作『禮』者誤也。」檢單疏本疏文出「各使自陳進其所以治化之言」，又檢日本靜嘉堂文庫所藏內野本（以下皆據《尚書文字合編》）孔《傳》出「各使陳進治化口言」，其「化」字旁有小字批校「禮扌」，據此可知內野本正文作「化」，而批校則過錄宋刊本異文「禮」。內野本正文「化」與孔穎達《尚書正義》所見之本相合。「治理」與「治化」，其義一也。而作「治禮」則誤。據毛居正《六經正誤》所載，八行本等皆承南宋監本之誤。

20. 頁十左 　白虎通云王者所以巡狩者也

按：「也」，單疏本、八行本、八行乙本、足利本、九行本、蒙古本（抄）、關西本、十行本（元）、靜嘉堂本（元）、劉本（嘉靖）、永樂本、閩本、明監本、毛本皆同，《要義》所引亦同。《正字》引文「王者所以巡狩者何巡者循

也狩者牧也」，云：「『何』誤『也』，『牧』誤『收』。」阮記云：「盧文弨、
浦鏜皆云『也』當作『何』，是也。」盧記同。檢元大德本《白虎通德論》卷
五《巡狩》出「王者所以巡狩者何？巡者，循也。狩，牧也」，據此，「也」
作「何」是，或疏文「也」上闕「何」字。

21. 頁十三右　　此事不必然也

按：「不必」，單疏本、八行本、八行乙本、足利本、九行本、蒙古本（抄）、
關西本、十行本（元）、靜嘉堂本（元）、劉本（元）、永樂本、閩本、明監
本、毛本皆同。阮記云：「盧文弨云『不必』疑倒。○按：下云『莽謂此官名
為朕虞，其義必不然也』，語勢正同。」盧記同。阮記所考，可備一說。

22. 頁十四右　　每州之名山殊大者

按：「者」，八行本、八行乙本、足利本、九行本、蒙古本（抄）、關西
本、十行本（元）、靜嘉堂本（元）、劉本（元）、永樂本、閩本、明監本、毛
本皆同。《考文》云：「〔古本〕『者』作『之』。」阮記云：「者，古本作『之』。
按《疏》云『特舉其名，是殊大之也』，則作『之』為是。」盧記同。檢內野
本孔《傳》出「每州之名山殊大之」；單疏本疏文「『肇十』至『咸服』」段
出「每州以大山為鎮，殊大者十有二山」，單疏本疏文「傳『封十』至『通
利』」段出「特舉其名，是殊大之也」。據此，古本孔《傳》有作「之」者。
然疏文亦有言「者」者，與八行本以下傳世諸本相合。今兩存之。阮記似有
武斷之嫌。

23. 頁十四右　　以作為治官事之刑

按：「作」，蒙古本（抄）、十行本（元）、靜嘉堂本（元）、劉本（元）、
永樂本、閩本、明監本同；八行本作「鞭」，八行乙本、足利本、九行本、關
西本、毛本、李本、王本、監圖本、岳本同，《要義》所引亦同。《考文》云：
「正、嘉、萬曆本『鞭』作『作』，非也。」阮記引文「以鞭為治官事之刑」，
云：「鞭，十行、正、嘉、閩、監俱作『作』，非也。」盧記引文「以作為治
官事之刑」，云：「閩本、明監本同，毛本『作』作『鞭』。○案：『鞭』字是
也。」單疏本疏文「『肇十』至『咸服』」段出「更有鞭作治官事之刑」，據此，
作「鞭」是。

24. 頁十四右　流共工于幽洲

按：「洲」，八行本、八行乙本、足利本、九行本、蒙古本（抄）、關西本、十行本（元）、靜嘉堂本（元）、劉本（元）、永樂本、閩本、明監本、毛本、李本、王本、監圖本、岳本、唐石經同；白文本作「州」。《正字》云：「洲，《孟子》作『州』。案：張氏弨云：唐明皇天寶間以隸寫六經，遂雜用俗改字，如『州』復加水之類。」阮記云：「按《說文》無『洲』字。水中之地，本只作『州』，後人加水，相沿已久。惟此句不可作『洲』。觀孔《疏》直以十二州之幽州釋之，則孔氏所據之經作『州』，與《孟子》同。若作『洲』，則似別有一地名為『幽洲』矣。孔《傳》云：水中可居者曰州。此蓋汎釋『州』字之義，顧不於『肇十有二州』釋之，而釋之於此，亦不可解。」盧記同。檢內野本作「洲」，用「洲」字確時相沿日久。傳世諸本唯白文本作「州」，從之為宜。

25. 頁十五右　流徙共工於北裔之幽州

按：「州」，單疏本、八行本、八行乙本、足利本、九行本、關西本、十行本（元）、靜嘉堂本（元）、劉本（元）、永樂本同；蒙古本（抄）作「洲」，閩本、明監本、毛本同。阮記引文「流徙共工於北裔之幽洲」，云：「徙，監本誤作『徒』。洲，十行本作『州』。」蒙古本、閩本作「洲」或是據上經文「流共工于幽洲」改。今仍當從單疏本等作「州」。

26. 頁十五左　正義曰寬宥周語文

按：「寬宥」，單疏本、八行本、八行乙本、足利本、九行本、蒙古本（抄）、關西本、十行本（元）、靜嘉堂本（元）、劉本（元）、永樂本、閩本、明監本、毛本同。《正字》引文「宥寬周語文」，云：「『宥寬』二字誤倒。」阮記引文「正義曰寬宥周語文」，云：「浦鏜云：『宥寬』字誤倒。」盧記同。諸本孔《傳》出「宥，寬也。以流放之法寬五刑」，又檢清黃氏士禮居景宋本《國語》卷三《周語》出「基，始也。命，信也。宥，寬也」，據此，作「宥寬」是。浦鏜、阮記言是。

27. 頁十六右　此鞭為

按：「此鞭為」，十行本（元）、靜嘉堂本（元）、劉本（元）、永樂本同；單疏本作「此鞭為重」，八行本、九行本同；八行乙本作「比鞭為重」，足利

本、蒙古本（抄）、關西本、閩本、明監本、毛本同，《要義》所引同。阮記引文「比鞭為重」，云：「十行本『比』誤作『此』，脫『重』字。」盧記引文「此鞭為」，云：「毛本『此』作『比』，『為』下有『重』字，是也。」案文義，流放之刑較之鞭刑為重，據此作「比」是，「為」下有「重」是。八行本「比」作「此」，承單疏本之誤。八行乙本此葉為補板，補板時改「此」作「比」，是。

28. 頁十六右　周禮滌狼氏

　　按：「滌」，單疏本、八行本、八行乙本、足利本、九行本、蒙古本（抄）、關西本、十行本（元）、靜嘉堂本（元）、劉本（元）、永樂本、閩本同，《要義》所引同；明監本作「條」，毛本同。《正字》引文「周禮條狼氏云云」，云：「案：杜子春注：『條』當為『滌器』之『滌』。」阮記引文「周禮條狼氏」，云：「條，十行、閩本俱作『滌』。○按：十行本是。《周禮》條狼氏，杜子春云：『條』讀為『滌器』之『滌』。因改而為『滌』，此《正義》例也。」盧記引文「周禮滌狼氏」，云：「閩本同。毛本『滌』作『條』。案：《周禮》條狼氏，杜子春云：『條』讀為『滌器』之『滌』，因改而為『滌』，此《正義》例也。作『條』誤。」檢宋婺州市門巷唐宅刻本《周禮》卷九出「條狼氏」，鄭《注》曰：「杜子春云：『條』當為『滌器』之『滌』。玄謂：滌，除也。」《尚書正義》或是據鄭《注》作「滌」。

29. 頁十六左　治氏為殺矢

　　按：「治」，蒙古本（抄）、十行本（元）、靜嘉堂本（元）、劉本（元）、永樂本、閩本同；單疏本作「冶」，八行本、八行乙本、足利本、九行本、關西本、明監本、毛本同，《要義》所引同。阮記引文「冶氏為殺矢」，云：「冶，十行、閩本俱誤作『治』。」盧記云：「案：『治』當作『冶』。閩本亦誤。」檢宋婺州市門巷唐宅刻本《周禮》卷十一《考工記》出「冶氏為殺矢」，作「冶」是。

30. 頁十六左　槀氏為重

　　按：「重」，蒙古本（抄）、十行本（元）、靜嘉堂本（元）、劉本（元）、永樂本、閩本、明監本同；單疏本作「量」，八行本、八行乙本、足利本、九行

本、關西本、毛本同，《要義》所引同。《正字》云：「量，監本誤『重』。」阮記引文「㮚氏為量」，云：「量，十行、閩、監俱誤作『重』。」盧記引文「㮚氏為重」，云：「岳本『重』作『量』。案：『量』字是也。閩本、明監本並誤。」檢宋婺州市門巷唐宅刻本《周禮》卷十一《考工記》出「㮚氏為量」，據此，作「量」是。

31. 頁十六左　是肆爰緩也眚爰過也

按：兩「爰」字，蒙古本（抄）、關西本、十行本（元）、靜嘉堂本（元）、劉本（元）、永樂本、閩本、明監本同；單疏本作「為」，八行本、八行乙本、足利本、九行本、毛本同，《要義》所引同。《正字》引文「是肆為緩也眚為過也」，云：「為，監本誤『爰』。」阮記云：「兩『為』字，十行、閩、監俱誤作『爰』。」盧記引文「是肆爰緩也眚爰過也」，云：「岳本『爰』並作『為』，是也。閩本、明監本並誤。」今案「爰」字顯是「為」字之訛，作「為」是。

32. 頁十七右　揔言用刑之罪

按：「罪」，蒙古本（抄）、十行本（元）、靜嘉堂本（元）、劉本（元）、永樂本、閩本、明監本同；單疏本作「要」，八行本、八行乙本、足利本、九行本、關西本、毛本作「要」，《要義》所引同。案文義，疏文是釋《傳》言施行刑法之要領，作「要」為是。

33. 頁十七右　共在一洲之上

按：「洲」，單疏本、八行本、八行乙本、足利本、九行本、關西本、十行本（元）、靜嘉堂本（元）、劉本（元）、永樂本同，《要義》所引同；蒙古本（抄）作「州」，閩本、明監本、毛本同。《考文》引文「共在一州之上」，云：「〔宋板〕『州』作『洲』。」阮記云：「州，宋板、十行俱作『洲』。」盧記引文「共在一洲之上」，云：「宋板同。毛本『洲』作『州』。」案上疏文云「水中可居者曰州」，又云「四方有水，中央高，獨可居，故曰洲」，下疏文云「九州之外，有瀛海環之。是九州居水內，故以州為名」，九州共居此一「洲」之上，而分之為九耳。據此，作「洲」是。

34. 頁十八左　堯死壽一百一十七歲

按：「死」，九行本、蒙古本（抄）、十行本（元）、靜嘉堂本（元）、劉本（元）、永樂本、閩本、明監本、毛本同；八行本作「凡」，八行乙本、足利本、關西本、李本、王本、監圖本、岳本同。《考文》云：「〔古本〕『死』作『凡』，『歲』下有『也』字。宋板『死』作『凡』，無上『一』字。」阮記云：「死，古本、岳本、宋板俱作『凡』。岳本、宋板俱無上『一』字。纂傳『歲』作『載』。餘同今本。」盧記云：「古本、岳本、宋板『死』作『凡』。岳本、宋板無上『一』字。纂傳『歲』作『載』。」案單疏本疏文出「凡壽一百一十七歲」，此處《傳》文宜當從八行本等作「凡」。

35. 頁十九左　舜服堯喪三年畢將即政

按：「政」，八行本、八行乙本、足利本、九行本、蒙古本（抄）、關西本、十行本（元）、靜嘉堂本（元）、劉本（元）、永樂本、閩本、明監本、毛本、李本、王本、監圖本、岳本同，《要義》所引亦同。《考文》引文「畢將即政」，云：「〔古本〕作『喪畢將即位』。」阮記引文「舜服堯喪三年畢將即政」，云：「古本『畢』上有『喪』字，『政』作『位』。」案諸本疏文皆出「知舜服堯喪三年畢將即政」，《尚書正義》所據之本與傳世諸本孔《傳》相合，作「政」不誤。檢內野本孔《傳》出「舜服堯喪三年，喪畢將即位」，古本有作「位」字者。

36. 頁十九左　柔安邇近敦厚也

按：「敦」，八行本、八行乙本、足利本、九行本、蒙古本（抄）、關西本、十行本（元）、靜嘉堂本（元）、劉本（元）、永樂本、閩本、明監本、毛本、王本、岳本同；李本、監圖本作「惇」。阮記云：「邇，監本誤作『通』。敦，纂傳作『惇』。」檢《釋文》出「惇」，注云：「音敦。」陸德明所據之本作「惇」。又單疏本疏文出「柔安邇近惇厚，皆《釋詁》文」，疑當據此作「惇」為宜。

37. 頁二十左　若其不能安近

按：「若」，單疏本、八行本、八行乙本、足利本、九行本、蒙古本（抄）、關西本、十行本（元）、靜嘉堂本（元）、劉本（元）、永樂本、閩本、明監

本、毛本同。阮記云：「按：若，疑當作『苦』。」案文義，此處《疏》云若人君不能安近，則先戒使之安遠，則近亦能安也，故下疏文云「言當安彼遠人，乃能安近」。作「若」不誤，阮記所疑無據。

38. 頁二十左　欲令遠言皆安也

按：「言」，九行本、關西本、十行本（元）、靜嘉堂本（元）、劉本（元）、永樂本同；單疏本作「近」，八行本、八行乙本、足利本、蒙古本（抄）、閩本、明監本、毛本同。阮記引文「欲令遠近皆安也」云：「近，十行本作『言』，與下條互誤。」盧記引文「欲令遠言皆安也」，云：「案：『言』當作『近』，與下文『據遠近之』互易而譌。」案文義，安彼遠人，乃能安近，即遠近皆安也。當從單疏本等作「近」。

39. 頁二十左　故據遠近之

按：「近」，九行本、蒙古本（抄）、關西本、十行本（元）、靜嘉堂本（元）、劉本（元）、永樂本、閩本、明監本、毛本同；單疏本作「言」，八行本、八行乙本、足利本同。《考文》云：「〔宋板〕『近』作『言』。」《正字》云：「『近之』疑『言之』誤。」阮記云：「近，宋板、纂傳俱作『言』。按：『言』字是也。」盧記云：「宋板、纂傳『近』作『言』。按：『言』字是也，與上互誤。」此處「近」與上「言」蓋相涉而互誤也，阮記言是。

40. 頁二十一右　禹代鯀為宗伯

按：「宗」，九行本、蒙古本（抄）、關西本、十行本（元）、靜嘉堂本（元）、劉本（元）、永樂本、閩本、王本同；八行本作「崇」，八行乙本、足利本、明監本、毛本、李本、監圖本、岳本同，《要義》所引亦同。阮記引文「禹代鯀為崇伯」，云：「崇，十行、閩本俱誤作『宗』。」盧記引文「禹代鯀為宗伯」，云：「岳本『宗』作『崇』，是也。閩本亦誤。」禹父鯀封于崇，為崇伯，今禹代其父為崇伯。作「崇」是。九行本、關西本、十行本皆誤作「宗」，頗疑已佚之宋十行本即誤作「宗」。

41. 頁二十二右　為拜乃稽首

按：「為」，單疏本、八行本、八行乙本、足利本、九行本、蒙古本（抄）、

關西本、十行本（元）、靜嘉堂本（元）、劉本（元）、永樂本、閩本、明監本、毛本同，《要義》所引亦同。阮記云：「為，纂傳作『禹』，是也。」盧記云：「纂傳『為』作『禹』，是也。」案經文云「禹拜稽首」，疏文「為」當作「禹」。

42. 頁二十三左　有士師卿士等

按：「卿」，單疏本、八行本、八行乙本、足利本、九行本、蒙古本（抄）、關西本、十行本（元）、靜嘉堂本（元）、劉本（元）、永樂本、閩本、明監本、毛本皆同。《正字》云：「『鄉』誤『卿』。」阮記云：「浦鏜云：『鄉』誤『卿』。」盧記同。檢宋婺州市門巷唐宅刻本《周禮》秋官司寇有「士師」「鄉士」，疑作「鄉」為是。

43. 頁二十四右　議賢議能議貴議賓議勤是也

按：「議賢議能議貴議賓議勤」，十行本（元）、靜嘉堂本（元）、劉本（元）、永樂本同；單疏本作「議賢議能議貴議賓議功議勤」，八行本、八行乙本、足利本、九行本、關西本同，《要義》所引亦同；蒙古本（抄）作「議賢議能議功議貴議賓議勤」；閩本作「議賢議能議功議貴議賓議勤」，明監本、毛本同。阮記引文「議功議貴」，云：「十行本脫『議功』二字。閩本擠入。」盧記引文「議能議貴」，云：「閩本『議能』下有『議功』二字。案：所補是也。」當從單疏本等補「議功」二字，並置於「議賓」之下。

44. 頁二十四左　攷皋陶能明信五刑

按：「攷」，蒙古本（抄）、靜嘉堂本（元）、劉本（元）、永樂本、閩本、明監本、毛本同；單疏本作「故」，八行本、八行乙本、足利本、九行本、關西本、十行本（元）同。阮記云：「攷，宋板作『故』。案：『攷』，非也。」盧記云：「宋板『攷』作『故』。按：『攷』，非也。」十行本作「故」不誤，靜嘉堂本、劉本此葉仍為元刻板葉，疑元刻版片後期此處筆畫局部有脫落，故靜嘉堂本、劉本「故」字印作「攷」字。

45. 頁二十五右　知垂所讓四人

按：「垂」，單疏本、八行本、八行乙本、足利本、九行本、蒙古本（抄）、關西本、十行本（元）、靜嘉堂本（元）、劉本（元）、永樂本、閩本、明監本、

毛本同。阮記云：「按：『垂』下脫『讓』字。」盧記同。諸本孔《傳》出「垂益所讓四人」，據此，疏文當補「益」字。

46. 頁二十六右　胄長也謂元子以下至卿大夫子弟

按：「謂」，八行本、八行乙本、足利本、九行本、蒙古本（抄）、關西本、十行本（元）、靜嘉堂本（元）、劉本（元）、永樂本、閩本、明監本、毛本、李本、王本、監圖本、岳本同，《要義》所引亦同。《考文》云：「〔古本〕『謂』上有『子』字，『元』作『天』，『弟』下有『也』字。」阮記云：「古本『謂』上有『子』字，『元』作『天』，『弟』下有『也』字。按：《釋文》：王云：胄子，國子也。馬云：胄，長也，教長天下之子弟。如馬氏說，則『教胄』二字連文，『子』字單出，謂『教長此子』也。如王氏說，則『教』字單出，『胄子』二字連文，謂『教此國子』也。孔《傳》云：教長國子。『國子』二字取諸王，『教長』二字取之馬，則孔意亦『教胄』連文，『子』字單出也。上文所謂『胄長也』者，乃『長養』之『長』，非『長幼』之『長』，當從古本，『謂』上加『子』字為是。然以《疏》考之，則孔穎達時已譌脫矣。又按：『胄』無『長』義，馬本未必作『胄』。《說文》云部『育』字注云：養子，使偏善也。《虞書》曰：教育子。然則古書作『育』，馬本亦必作『育』，故訓作『長』。『長』即『養』也。陸氏未經注明，偶失檢耳。偽孔於文則從王，於義則從馬，殊為牽率。後人誤解『長』字，妄刪『子』字，職此之由。」盧記同。今案文義，仍當以傳世刊本為正。「胄」訓「長幼」之「長」，則「胄子」即是下《傳》文「元子」之義。蓋孔《傳》下文直接以「元子」代替原字「胄子」「長子」。檢內野本此處孔《傳》作「胄，長也，子謂元子以下至卿大夫子弟也」，應是後世抄寫文本時以為經文「子」字無訓釋，而誤增「子」字成「子，謂元子……」。今仍當從傳世刊本，並訓「胄」作「長幼」之「長」。至於《考文》所見古本「元」作「天」，應是轉抄時筆誤。

47. 頁二十六左　我令命女典掌樂事

按：「令」，十行本（元）、靜嘉堂本（元）、劉本（元）、永樂本同；單疏本作「今」，八行本、八行乙本、足利本、九行本、蒙古本（抄）、關西本、閩本、明監本、毛本同。阮記引文「我今命女典掌樂事」，云：「今，十行本誤作『令』。」盧記引文「我令命女典掌樂事」，云：「岳本『令』作『今』，是也。」

十行本等作「令」顯誤，當從單疏本等作「今」。

48. 頁二十七左　各生其竅厚薄均者

按：「各」，單疏本、八行本、八行乙本、足利本、九行本、蒙古本（抄）、關西本、十行本（元）、靜嘉堂本（元）、劉本（元）、永樂本、閩本、明監本、毛本同。阮記云：「按：『各』字疑衍，或『谷』字之誤。」盧記同。檢宋覆刻景祐本《漢書》卷二十一《律曆志》：「自大夏至西，昆侖之陰，取竹之解谷，生其竅厚均者」，據之，疑此疏文「各」字為衍文。

49. 頁二十七左　述十二月之音氣也

按：「述」，九行本、蒙古本（抄）、關西本、十行本（元）、靜嘉堂本（元）、劉本（元）、永樂本、閩本、明監本、毛本同；單疏本無，八行本、八行乙本、足利本同，《要義》所引亦同。阮記云：「宋板無『述』字。」盧記同。似當以單疏本等無「述」字為是。

50. 頁二十八左　成王在於汝

按：「王」，十行本（元）、靜嘉堂本（元）、劉本（元）、永樂本同；單疏本作「主」，八行本、八行乙本、足利本、九行本、關西本同；蒙古本（抄）、閩本、明監本、毛本作「之」。阮記引文「成之在於汝」，云：「之，宋板作『主』，十行本誤作『王』。」盧記引文「成王在於汝」，云：「宋板『王』作『主』，毛本作『之』。」似當從單疏本等作「主」為是。

51. 頁三十右　舜薦禹於天子十七年

按：「子十」，單疏本、八行本、八行乙本、足利本、九行本、蒙古本（抄）、關西本、十行本（元）、靜嘉堂本（元）、劉本（元）、永樂本、閩本同；明監本作「十有」，毛本同；《要義》引作「十」。阮記引文「舜薦禹於天十有七年」，云：「十有，十行、閩本俱誤作『子十』。」盧記引文「舜薦禹於天子十七年」，云：「毛本『十』作『十有』，是也。閩本亦誤。」案諸本《大禹謨》疏文出「舜薦禹於天十有七年」，疑作「十有」為是。單疏本「子」字當為衍文，八行本等承單疏本之誤。《要義》據八行本而來，刪八行本所衍「子」字。

52. 頁三十左　各為其官

按：「為」，單疏本、八行本、八行乙本、足利本、九行本、蒙古本（抄）、關西本、十行本（元）、靜嘉堂本（元）、劉本（元）、永樂本、閩本、明監本、毛本同。《正字》引文「各設其官」，云：「『設』字誤『為』。」阮記引文「各為其官」，云：「盧文弨云：『為』，依《注》是『設』字。」盧記同。案諸本孔《傳》出「言舜理四方，諸侯各設其官」，據之，此處疏文疑當從《傳》文作「設」。

53. 頁三十左　左傳言槁師者

按：「槁」，單疏本、八行本、八行乙本、足利本、九行本、蒙古本（抄）、十行本（元）、靜嘉堂本（元）、劉本（元）、閩本同；關西本作「稾」，永樂本同；明監本作「犒」，毛本同。阮記引文「左傳言犒師者」，云：「犒，十行、閩本俱作『槁』。」盧記引文「左傳言槁師者」，云：「閩本同，毛本『槁』作『犒』。」案單疏本下疏文云「以師枯槁，用酒食勞之，是稾得為勞也」，疑上疏文仍當從單疏本等作「槁」。

卷 四

1. 頁二右　善言無所伏

按：「善」，八行本、八行乙本、足利本、九行本、蒙古本（抄）、關西本、十行本（元）、靜嘉堂本（元）、劉本（元）、永樂本、閩本、明監本、毛本、李本、王本、監圖本、岳本皆同。阮記云：「善，古本作『嘉』。」《考文》云：「〔古本〕『善』作『嘉』。」今案諸本疏文出「『善言無所伏』者」，與傳世刊本孔《傳》相合。檢內野本作「嘉」，與傳世刊本不同。案經文出「嘉言罔攸伏」，孔《傳》出「攸，所也。善言無所伏，言必用如此，則賢才在位」，是孔《傳》直接以訓釋文字「善言」代替被釋文字「嘉言」，省文之故也。且釋「攸」、釋「嘉」，並不一定遵照其在經文當中出現的順序。疑後世抄寫者誤據經文改《傳》文。綜上，當從傳世刊本作「善」。

2. 頁二左　傳攸所至下安

按：「下安」，單疏本、九行本、蒙古本（抄）、關西本、十行本（元）、靜嘉堂本（元）、劉本（元）、永樂本、閩本、明監本、毛本同；八行本作「下安寧」，八行乙本、足利本同。《考文》云：「宋板『安』下有『寧』字。謹按：當作『攸所至安寧』。」阮記云：「『安』下宋板有『寧』字。山井鼎曰：當作『攸所至安寧』。○按：今本正與岳本《傳》合。」盧記同。今案八行本、足利本、九行本、十行本孔《傳》出「天下安寧」；而關西本、李本、王本、監圖本、岳本孔《傳》文則作「天下安」，則孔穎達所見《古文尚書》此處文字與關西本、李本等同作「天下安」。案經文出「野無遺賢，萬邦咸

寧」，孔《傳》云「賢才在位，天下安」，以「安」釋「寧」，《傳》文不必出現「安寧」二字。又內野本之《傳》文作「天下安也」。疑此處《傳》文當以「天下安」為是。綜上，疑當從單疏本之疏文標目作「傳攸所至下安」是，八行本等疏文標目作「傳攸所至下安寧」非。

3. 頁三左　惟影響

按：「影」，八行本、八行乙本、足利本、九行本、蒙古本（抄）、關西本、十行本（元）、靜嘉堂本（元）、劉本（元）、永樂本、閩本、明監本、毛本、李本、王本、監圖本、岳本、唐石經、白文本同。《正字》云：「案：鄒氏季友云：影，古文作『景』，葛洪始加彡。此天寶三載衛包改古文從今文時所易也。」阮記云：「《顏氏家訓・書證篇》曰：《尚書》曰：惟景響。《周禮》云：土圭測景，景朝景夕。《孟子》曰：圖景失形。《莊子》曰：罔兩問景。如此等字皆當為『光景』之『景』。凡陰景者，因光而生，故即為『景』。《淮南子》呼為『景柱』。《廣雅》云：晷柱挂景。竝是也。至晉世，葛洪《字苑》傍始加彡，音於景反，而世間輒改，治《尚書》《周禮》《莊》《孟》從葛洪字，甚為失矣。」盧記同。內野本古字極多，仍作「影」，今尚未見有古本此處作「景」。

4. 頁三左　言天子常我慎

按：「我」，十行本（元）、靜嘉堂本（元）、劉本（元）、永樂本同；八行本作「戒」，八行乙本、足利本、九行本、蒙古本（抄）、關西本、閩本、明監本、毛本、李本、王本、監圖本、岳本同。阮記引文「言天子常戒慎」，云：「戒，十行本誤作『我』。」盧記引文「言天子常我慎」，云：「毛本『我』作『戒』，是也。」案疏文數出「戒」「誡」，《傳》文作「戒」是，十行本等作「我」誤。

5. 頁五右　或寡令終

按：「或」，九行本、蒙古本、關西本、十行本（元）、靜嘉堂本（元）、劉本（元）、永樂本、閩本、明監本、毛本同；單疏本「或」下空一格，八行本、八行乙本、足利本同。《考文・補遺》云：「宋板『或』下空一字。」阮記云：「『或』下宋板空一字。」盧記同。單疏本「或」下即空一格，八行本合刻注疏時仍承之。今未詳疏文「或」下是否應當有字。

6. 頁五左　不為靡費

按：「靡」，單疏本、八行本、八行乙本、足利本、九行本、關西本、十行本（元）、靜嘉堂本（元）、劉本（元）、永樂本、閩本同；蒙古本（抄）漏去「故所以率下人利用者謂在上節儉不為靡（靡）費以利而用使財物殷阜利民之用為民興利除害使不匱乏」一段；明監本作「靡」，毛本同。阮記云：「靡，十行、閩本作『靡』。」案文義，靡，耗也，不為耗費，即是節儉。仍從單疏本等作「靡」。

7. 頁六右　厭倦萬機

按：「機」，八行本、八行乙本、足利本、蒙古本（抄）、關西本、十行本（元）、靜嘉堂本（元）、劉本（元）、永樂本、閩本、明監本、毛本、李本、王本同；九行本、監圖本、岳本作「幾」。阮記云：「機，岳本作『幾』。」盧記同。「萬機」「萬幾」，其義一也，待考。

8. 頁六左　信出謂始發於心

按：「信」，單疏本、八行本、八行乙本、足利本、九行本、蒙古本（抄）、關西本、十行本（元）、靜嘉堂本（元）、劉本（元）、永樂本、閩本、明監本同；毛本作「言」。《考文》引文「言出謂始發於心」，云：「正誤：『言』當作『信』，下『言出』同。」《考文·補遺》云：「言出，宋板皆作『信出』。」《正字》云：「信，毛本誤『言』。下『後言信出』同。」阮記引文「言出謂始發於心」，云：「言，宋板、十行、閩、監俱作『信』，下『言出』同。毛本下『言出』，『言』字似挖去人旁。」盧記引文「信出謂始發於心」，云：「宋板、閩本、明監本同。毛本『信』作『言』，下『言出』同。○案：毛本下『言出』，『言』字似挖去人傍。」案疏文「信出，謂始發於心」，是釋《傳》文「信在此心」。據此，疏文作「信」是，毛本作「言」誤。

9. 頁七右　信出以義為主者

按：「信」，單疏本、八行本、八行乙本、足利本、九行本、蒙古本（抄）、關西本、十行本（元）、靜嘉堂本（元）、劉本（元）、永樂本、閩本、明監本同；毛本作「言」。毛本作「言」誤，詳見上則「信出謂始發於心」條考證。

10. 頁七右　民皆命於大中之道

按：「命」，十行本（元）、靜嘉堂本（元）、劉本（元）、永樂本同；八行本、八行乙本、足利本、九行本、蒙古本（抄）、關西本、閩本、明監本、毛本、李本、王本、監圖本、岳本作「合」。阮記引文「民皆合於大中之道」，云：「合，十行本誤作『命』。」盧記引文「民皆命於大中之道」，云：「毛本『命』作『合』，是也。」案諸本疏文出「使民合於中正之道」，則《傳》文作「合」是。

11. 頁八右　刑無所用此期為限與前經期義別而論語所謂勝殘去殺矣

按：「刑無所用此期為限與前經期義別而論語所謂勝殘去殺矣」，單疏本、八行本、八行乙本、足利本、九行本、蒙古本（抄）、關西本、十行本（元）、靜嘉堂本（元）、劉本（元）、永樂本、閩本、明監本、毛本皆同。《正字》云：「『刑無所用』四字疑在下『與前經期義別』之下。」阮記引文「刑無所用」，云：「浦鏜云：四字疑在下『與前經期義別』之下。○按：下云『此期為限與前經期義別而論語所謂勝殘去殺矣』三句，當是《疏》內小注。」盧記同。案單疏本如此，浦鏜、阮記所疑無據。

12. 頁八左　帝曰來禹降水儆予

案：「降」，八行本、八行乙本、足利本、九行本、蒙古本（抄）、關西本、十行本（元）、靜嘉堂本（元）、劉本（元）、永樂本、閩本、明監本、毛本、李本、王本、監圖本、岳本、唐石經、白文本皆同。《考文》云：「蔡沈《集傳》本『降』作『洚』。謹按：《史記》作『鴻』。」阮記云：「《石經考文提要》云：坊本『洚水』沿蔡沈《集傳》。○按：蔡《傳》云：洚水，洪水也，古文作『降』。而纂傳引朱子則曰：降水，洪水也，古文作『洚』。與蔡《傳》相反。蓋蔡氏用師說而誤倒其文也。薛氏《古文訓》正作『洚』。」盧記同。檢內野本作「降」。今暫未見有古本作「洚」者。

13. 頁九右　民叛之

按：「叛」，八行本、八行乙本、足利本、九行本、蒙古本（抄）、關西本、十行本（元）、靜嘉堂本（元）、劉本（元）、永樂本、閩本、明監本、毛

本、李本、王本、監圖本、岳本皆同。阮記云：「叛。古本作『畔』，監本誤作『判』。」《考文》云：「〔古本〕『叛』作『畔』。」《正字》云：「叛，監本誤『判』。」阮記云：「古本『叛』作『畔』，監本誤作『判』。」檢日本國立公文書館藏重修明監本《尚書注疏》亦作「叛」，不知阮記所據「監本」為何本？疑阮記誤校。又內野本作「畔」。

14. 頁九左　則民叛之

按：「叛」，單疏本、八行本、八行乙本、足利本、九行本、蒙古本（抄）、關西本、十行本（元）、靜嘉堂本（元）、劉本（元）、永樂本、閩本、明監本、毛本皆同。案此處諸本皆作「叛」，阮記、盧記皆無說。因上《傳》文「民叛之」出校，故此處疏文「叛」字旁亦加圈。

15. 頁九左　正義曰降水洪水也

按：「降」，單疏本、八行本、八行乙本、足利本、九行本、蒙古本（抄）、關西本、十行本（元）、靜嘉堂本（元）、劉本（元）、永樂本、閩本、明監本、毛本皆同。案此處諸本皆作「降」，阮記、盧記皆無說，因上「帝曰來禹降水儆予」出校，此處亦於疏文「降」字旁加圈。

16. 頁十左　百人無主

按：「人」，單疏本、八行本、八行乙本、足利本、九行本、關西本、十行本（元）、靜嘉堂本（元）、永樂本同；蒙古本（抄）作「姓」，劉本（嘉靖）、閩本、明監本、毛本同。《考文》引文「百姓無主，不散則亂」，云：「〔宋板〕『姓』作『人』。」阮記引文「百姓無主」，云：「姓，宋板、十行俱作『人』。」盧記引文「百人無主」，云：「宋板同，毛本『人』作『姓』。」作「姓」文義不通。作「人」是，謂人眾則不可無君，無君則亂。

17. 頁十一右　惟先蔽志

按：「先」，八行本、八行乙本、足利本、九行本、蒙古本（抄）、關西本、十行本（元）、靜嘉堂本（元）、劉本（嘉靖）、永樂本、閩本、明監本、毛本、李本、王本、監圖本、岳本、唐石經、白文本皆同，《要義》所引亦同。阮記云：「孫志祖云：《左傳》哀十八年引《夏書》『官占惟能蔽志』。《釋

文》云:《尚書》『能』作『克』,『克』亦『能』也。孔《疏》則云:《夏書·大禹謨》之篇也,惟彼『能』作『先』耳。此則陸氏所見本與今異。孔氏所見本與今同。頗疑《釋文》近得其真。『先』字後人以意改也。○按:既言『昆』則不必言『先』,故知陸氏為得也。但孔《疏》云:『惟能先斷人志。』『先』字上仍有『能』字。則孔氏所見本未必不作『克』。《左傳疏》『先』字疑本是『克』字,後人反據誤本《尚書》改之。」盧記同。檢唐石經《左傳》哀十八傳文出「夏書曰官占唯能蔽志昆命于元龜」;又檢《釋文·春秋左氏音義》出「能蔽志」,注云:「《尚書》『能』作『克』,『克』亦『能』也。」宋刊八行本《春秋左傳正義》,孔穎達《春秋正義》云:「《夏書·大禹謨》之篇也,唯彼『能』作『先』耳。」綜上,疑「先」或作「克」為宜。

18. 頁十一左　然請卜不請筮者

按:「然」,九行本、蒙古本(抄)、關西本、十行本(元)、靜嘉堂本(元)、劉本(嘉靖)、永樂本、閩本、明監本、毛本同;單疏本「然」下空一格,八行本、八行乙本、足利本同。《考文·補遺》云:「〔宋板〕『然』下空一字。」阮記云:「『然』下宋板空一字。」盧記同。單疏本「然」下亦空一字,未詳《尚書正義》原文「然」下是否有字。

19. 頁十二右　故言順帝之初

按:「故」,單疏本、八行本、八行乙本、足利本、九行本、蒙古本(抄)、關西本、十行本(元)、靜嘉堂本(元)、劉本(嘉靖)、永樂本、閩本、明監本同;毛本無「故」字。《考文·補遺》引文「言順帝之初」,云:「〔宋板〕『言』上有『故』字。」《正字》云:「毛本脫『故』字。」阮記引文「言順帝之初」,云:「『言』上,宋板、十行、閩、監俱有『故』字。」盧記引文「故言順帝之初」,云:「宋板、閩本、明監本同。毛本『言』上脫『故』字。」毛本刊漏「故」字,浦鏜、阮記言是。

20. 頁十二右　奉行帝之事故

按:「事故」,單疏本、八行本、八行乙本、足利本、九行本、蒙古本(抄)、關西本、十行本(元)、靜嘉堂本(元)、劉本(嘉靖)、永樂本、閩本、明監本、毛本皆同。《正字》引文「故言順帝之初,奉行帝之故事」,云:「『故』、

『事』誤倒。」阮記引文「奉行帝之事故」，云：「浦鏜云：『故事』，誤倒。」
盧記同。案諸本孔《傳》云「順舜初攝帝位，故事奉行之」，浦鏜或據此疑
疏文誤倒。然疏文「事故」之「事」，應是動詞，文義亦通，或不誤。

21. 頁十二右　數干王誅

按：「誅」，八行本、八行乙本、足利本、九行本、蒙古本（抄）、關西
本、十行本（元）、靜嘉堂本（元）、劉本（嘉靖）、永樂本、閩本、明監本、
毛本、李本、王本、監圖本、岳本皆同。阮記云：「誅，纂傳作『法』，是也。」
盧記同。案諸本疏文出「三苗之民，數干王誅之事，禹率眾征之」，與《傳》
文相合，作「誅」當是。

22. 頁十二右　不循帝道

按：「帝」，八行本、八行乙本、足利本、九行本、蒙古本（抄）、關西本、
十行本（元）、靜嘉堂本（元）、劉本（嘉靖）、永樂本、閩本、明監本、毛本、
李本、王本、監圖本、岳本皆同。阮記云：「帝，纂傳作『常』，是也。」盧記
同。案諸本疏文出「今復不率帝道」，與《傳》文相合。作「帝」當是。

23. 頁十二右　命禹討之

按：「禹」，八行本、八行乙本、足利本、九行本、蒙古本（抄）、關西本、
十行本（元）、靜嘉堂本（元）、劉本（嘉靖）、永樂本、閩本、明監本、毛本、
李本、王本、監圖本、岳本皆同。阮記云：「纂傳作『汝』。」盧記云：「纂傳
『禹』作『汝』。」案諸本疏文出「禹率眾征之」「而此言命禹征苗」，與《傳》
文相合。作「禹」當是。

24. 頁十二右　民棄不保

按：「棄」，八行本、八行乙本、足利本、九行本、蒙古本（抄）、關西
本、十行本（元）、靜嘉堂本（元）、劉本（嘉靖）、永樂本、閩本、明監本、
毛本、李本、王本、監圖本、白文本同；唐石經作「弃」，岳本同。阮記云：
「棄，岳本作『弃』。」盧記同。唐石經諱「世」字，故將「棄」刻作「弃」。
岳本作「弃」，或是其不明唐石經避諱所致。檢內野本作「弃」，保留了唐人
避諱現象。

25. 頁十二左　言民叛天灾之

按：「叛」，八行本、八行乙本、足利本、九行本、蒙古本（抄）、十行本（元）、靜嘉堂本（元）、劉本（嘉靖）、永樂本、閩本、明監本、毛本、李本、監圖本、岳本同；關西本作「畔」，王本同。《考文》云：「〔古本〕『叛』下有『之』字。」阮記云：「『叛』下古本有『之』字。」盧記云：「古本『叛』下有『之』字。」檢內野本「叛」下有「之」字。孔《傳》原文此處是否有「之」字，存之待考。

26. 頁十二左　奉辭罰罪

按：「罰罪」，八行本、八行乙本、足利本、九行本、蒙古本（抄）、關西本、十行本（元）、靜嘉堂本（元）、劉本（嘉靖）、永樂本、閩本、李本、王本、監圖本、岳本同；唐石經作「伐罪」，白文本、明監本、毛本同。《考文》云：「〔古本〕作『奉詞伐皐』。宋板『伐』作『罰』，正、嘉同。」阮記引文「奉辭伐罪」，云：「辭，古本作『詞』。伐，宋板、岳本、十行、正、嘉、閩、纂傳俱作『罰』。按：唐石經作『伐』，明監本及毛本俱因之，古本及蔡《傳》亦俱作『伐』。當以『伐』為正。罪，古本作『皐』。」盧記引文「奉辭罰罪」，云：「宋板、岳本、閩本、纂傳同。唐石經『罰』作『伐』，明監本、毛本因之。古本及蔡《傳》並作『伐』。案：『伐』字是也。又『辭』，古本作『詞』；罪，古本作『皐』，皆古今字。」檢內野本作「奉詞伐皐」。案諸本疏文出「奉此譴責之辭，伐彼有罪之國」，與唐石經相合。當從唐石經作「奉辭伐罪」。

27. 頁十三右　數干王誅之事

按：「誅」，單疏本、八行本、八行乙本、足利本、九行本、蒙古本（抄）、關西本、十行本（元）、靜嘉堂本（元）、劉本（元）、永樂本、閩本、明監本、毛本皆同。諸本皆作「誅」，阮記、盧記皆無說。因上《傳》文「數干王誅」阮記出校，故於疏文「誅」字旁亦加圈。

28. 頁十三左　此則氏迷之狀也

按：「氏」，靜嘉堂本（元）同；單疏本作「昏」，八行本、八行乙本、足利本、九行本、蒙古本（抄）、關西本、十行本（元）、劉本（元）、永樂本、閩本、明監本、毛本同。阮記引文「此則昏迷之狀也」，云：「昏，十行本誤

作『氏』。」盧記引文「此則氏迷之狀也」，云：「案：『氏』當『昏』之譌。毛本『正』作『昏』。」十行本作「昏」不誤，靜嘉堂本此葉雖為元刻，然其「昏」字有脫落，遂印作「氏」字。劉本晚於靜嘉堂本，為嘉靖時期印本，此葉仍是元刻版葉，但劉本此處卻作「昏」字，根據劉本「昏」字字體，應是嘉靖時期剜改。阮記所據「十行本」作「氏」，則阮記所據之本問世時間早於劉本。

29. 頁十三左　憚一音丹末反

按：「末」，九行本、關西本、十行本（元）、永樂本、明監本、毛本、王本、監圖本同；靜嘉堂本（元）作「未」，劉本（元）、閩本同。阮記云：「末，十行本誤作『未』。」十行本作「末」本不誤。靜嘉堂本此葉雖為元刻，然其「末」字漫漶有脫落，遂印成「未」字。

30. 頁十四右　夔夔齋慄

按：「齋」，八行本、八行乙本、足利本、九行本、蒙古本（抄）、關西本、十行本（元）、靜嘉堂本（元）、劉本（嘉靖）、永樂本、閩本、李本、王本、監圖本、岳本、唐石經、白文本同；明監本作「齊」，毛本同。阮記引文「夔夔齊慄」，云：「齊，唐石經、岳本、十行、閩、葛、纂傳俱作『齋』，《注》同。惟葛本《注》作『齊』。按：《釋文》云：齊，側皆反。明不作『齋』，蓋陸氏據古文而石經則從今文也。」盧記引文「夔夔齋慄」，云：「唐石經、岳本、閩本、葛本、纂傳同。明監本、毛本『齋』作『齊』。葛本注亦作『齊』。按：《釋文》云：齊，側皆反。明不作『齋』，蓋陸氏據古文，而石經從今文也。」檢《釋文》出「齋」，注云：「側皆反。」又監圖本、王本所附音義亦出「齋」，不知阮記所據何本《經典釋文》作「齊」？今仍當從唐石經作「齋」。檢內野本作「齊」，知確有用古字「齊」字之本。

31. 頁十四左　往至于田

按：「往」，單疏本、九行本、蒙古本（抄）、關西本、十行本（元）、靜嘉堂本（元）、劉本（嘉靖）、永樂本、閩本、明監本、毛本同；八行本「往」下空一格，八行乙本、足利本同。《考文・補遺》云：「〔宋板〕『往』下空一字。」阮記云：「『往』下宋板空一字。」盧記同。案單疏本無空格，而下疏

文「恭敬以事」下空兩格。未知孔《疏》此處原本是否有字。

32. 頁十四左　恭敬以事見父瞽瞍

　　按：「事」，九行本、蒙古本（抄）、關西本、十行本（抄）、靜嘉堂本（元）、劉本（嘉靖）、永樂本、閩本、明監本、毛本同；單疏本「事」下空兩格；八行本「事」下空一格，八行乙本、足利本同。《考文·補遺》云：「〔宋板〕『事』下空一字。」阮記云：「『事』下宋板空一字。」盧記云：「宋板『事』下空一字。」單疏本「事」下空兩格，未知孔《疏》此處原本是否有字。

33. 頁十五左　何為然也

　　按：「然」，單疏本、九行本、蒙古本（抄）、關西本、十行本（元）、靜嘉堂本（元）、劉本（元）、永樂本、閩本、明監本、毛本同；八行本「然」上有「公」字；八行乙本「然」上有「其」字，足利本同。阮記云：「『然』上宋板有『其』字，是也。」盧記云：「宋板『然』上有『其』字，是也。」案單疏本作「何為然也」，而八行本「然」上有「公」字，應是八行本衍文，或因與下疏文「公明高」相近而衍。八行乙本乃八行本經修版後印之本，修版時為使文義通暢，遂改「公」為「其」。

34. 頁十五左　覆動上天

　　按：「動上」，單疏本、八行本、八行乙本、足利本、九行本、蒙古本（抄）、關西本、十行本（元）、靜嘉堂本（元）、劉本（元）、永樂本、閩本、明監本、毛本同。阮記云：「許宗彥云：當作『覆上動天』。」盧記同。諸本皆作「動上」，阮記所疑似無據。

35. 頁十七左　釋詁云迪道也

　　按：「云」，單疏本、八行本、八行乙本、足利本、九行本、蒙古本（抄）、關西本、十行本（元）、靜嘉堂本（元）、劉本（元）、永樂本、閩本同；明監本作「文」，毛本同。「道」，單疏本、八行本、足利本、九行本、蒙古本、關西本、十行本、靜嘉堂本（元）、劉本（元）、永樂本、閩本、明監本、毛本皆同。《考文》引文「釋詁文」，云：「宋板『文』作『云』。」阮記引文「釋詁文迪道也」，云：「文，宋板、十行俱作『云』是也。」案文義，「迪，道也」出

自《爾雅・釋詁》，且「迪，道也」在「釋詁」之下，則作「云」字為是。明監本誤「云」作「文」，毛本承之。

36. 頁十八右　佞人亂真

按：「真」，八行本、八行乙本、足利本、九行本、蒙古本（抄）、關西本、十行本（元）、靜嘉堂本（元）、劉本（元）、永樂本、閩本、明監本、毛本、李本、王本、監圖本、岳本皆同。《考文》云：「〔古本〕『真』作『德』。」阮記云：「真，古本作『德』。按：德，古作『悳』，與『真』相似。今本殆因此而誤。」盧記云：「古本『真』作『德』。按：德，古作『悳』，形近之譌。」檢內野本作「德」。又案文義，經文云「能哲而惠，何憂乎驩兜」，則《傳》文是釋佞人驩兜之徒亂德，堯憂其敗政，故流放之。作「真」文義不通，傳世刊本皆誤。當從內野本作「德」。

37. 頁十八左　亦言其人有德

按：「人」，八行本、八行乙本、足利本、九行本、蒙古本（抄）、關西本、十行本（元）、靜嘉堂本（元）、劉本（元）、永樂本、閩本、明監本、毛本、李本、王本、監圖本、岳本、白文本同；唐石經無「人」字。阮記云：「唐石經無『人』字，與《史記・夏本紀》同。○按：石經元刻本有『人』字，唐元度覆定乃刪『人』字重刻。今注疏本則沿襲別本也。唐石摩去重刻者多同於今本，此獨異於今本也。」盧記同。檢宋建安黃善夫家塾刻三家注本《史記》卷二《夏本紀二》云：「皋陶曰：然於亦行有九德，亦言其有德。」又內野本出「亦言其人有德」，其「人」字旁有小字批校「扌有」，是謂宋刊本有「人」字，內野本抄寫時據宋刊本補入「人」字，則可知內野本所據底本無「人」字。今以為當從唐石經、內野本，以及《史記》引文刪「人」字。傳世刊本經文「人」字或是據孔《傳》「稱其人有德」增入。

38. 頁十八左　必言其所行某事某事以為驗

按：「某」，八行本、八行乙本、足利本、九行本、蒙古本（抄）、關西本、十行本（元）、靜嘉堂本（元）、劉本（元）、永樂本、閩本、明監本、毛本、王本、岳本同；李本無下「某事」二字，監圖本同無。阮記云：「《史記集解》作『必言其所行事，因事以為驗』。」盧記同。檢內野本此段孔《傳》

作「必言其所行其事，由事以為驗」。上「某事」，內野本作「其事」，無法斷定孰是孰非。然下「某事」，諸本疏文云：「云見此人常行其某事，某事由此所行之事以為有德之驗。」可知《史記集解》引作「因事」，內野本「由事」，皆可與疏文「由此所行之事」相合。今以為，下「某事」或當從內野本作「由事」為宜。

39. 頁十九右　某事由此所行之事

按：「某」，單疏本、八行本、八行乙本、足利本、九行本、關西本、十行本（元）、靜嘉堂本（元）、劉本（嘉靖）、永樂本、閩本、明監本、毛本同；蒙古本（抄）漏去「云見此人常行其某事某事由此所行之事」。諸本皆作「某」，阮記、盧記皆無說，或因上《傳》文「某事」出校，故亦將疏文「某」字圈出。疏文作「某」不誤。

40. 頁十九左　彼言剛失之虐

按：「之」，蒙古本（抄）、關西本、十行本（元）、靜嘉堂本（元）、劉本（嘉靖）、永樂本、閩本、明監本、毛本同；單疏本作「入」，八行本、八行乙本、足利本、九行本同。《考文》云：「〔宋板〕『之』作『入』。下『簡失入傲』同。」阮記云：「之，宋板作『入』，與《舜典傳》古本合，下『之傲』放此。」盧記云：「宋板『之』作『入』，與《舜典傳》古本合，下『之傲』放此。」案八行本、足利本、岳本之《舜典》，《傳》文出「剛失入虐，簡失入傲」，是謂剛強之失，入於苛虐，簡易之失，入於傲慢。則此處疏文作「入」為是，作「之」則誤。

41. 頁十九左　彼言簡失之傲

按：「之」，九行本、蒙古本（抄）、關西本、十行本（元）、靜嘉堂本（元）、劉本（嘉靖）、永樂本、閩本同、明監本、毛本；單疏本作「入」，八行本、八行乙本、足利本同。「之」誤，當從單疏本等作「入」。詳細考證見上「彼言剛失之虐」條。

42. 頁二十左　翕和也

按：「和」，蒙古本（抄）、十行本（元）、靜嘉堂本（元）、劉本（嘉靖）、

永樂本、閩本同；八行本作「合」，八行乙本、足利本、九行本、關西本、明監本、毛本、李本、王本、監圖本、岳本同。阮記引文「翕合也」，云：「『合』，十行、閩本俱誤作『和』。」盧記引文「翕和也」，云：「毛本『和』作『合』是也，閩本亦誤。」案諸本疏文出「翕合釋詁文」，則《傳》文作「合」是。

43. 頁二十左　庶績其凝

按：「凝」，八行本、八行乙本、足利本、九行本、蒙古本（抄）、關西本、十行本（元）、靜嘉堂本（元）、劉本（嘉靖）、永樂本、閩本、明監本、毛本、李本、王本、監圖本、岳本、唐石經、白文本同。阮記云：「按：《羣經音辨》：冰，《尚書》古文『凝』字。然則此經『其凝』，古文作『其冰』。」盧記同。檢靜嘉堂文庫所藏內野本作「凝」，暫未見有古本作「冰」者。

44. 頁二十一右　故稱家

按：「家」，單疏本、八行本、八行乙本、足利本、九行本、蒙古本（抄）、關西本、十行本（元）、靜嘉堂本（元）、劉本（元）、永樂本、閩本、明監本、毛本皆同，《要義》所引亦同。阮記云：「『家』上纂傳有『有』字。」盧記同。案諸本《傳》文出「卿大夫稱家」，此處疏文作「故稱家」是。

45. 頁二十一左　謂天子也任之所能

按：「也」，單疏本、八行本、八行乙本、足利本、九行本、蒙古本（抄）、關西本、十行本（元）、靜嘉堂本（元）、劉本（元）、永樂本、閩本、明監本、毛本同。「之」，單疏本、八行本、足利本、九行本、蒙古本、關西本、十行本、靜嘉堂本（元）、劉本（元）、永樂本、閩本、明監本、毛本皆同。《正字》云：「也，疑『各』字誤。之，疑『其』字誤。」阮記云：「浦鏜云：也，疑『各』字譌。之，疑『其』字譌。是也。」盧記同。案單疏本作「也」「之」，浦鏜所疑無版本依據。

46. 頁二十一左　堯典敬授民時

按：「堯」，九行本、蒙古本（抄）、關西本、十行本（元）、靜嘉堂本（元）、劉本（元）、永樂本、閩本、明監本、毛本同；單疏本「堯」上有「即」字，八行本、八行乙本、足利本同，《要義》所引亦同；蒙古本無「即」字，「典」

下有「云」字。《考文・補遺》云云：「〔宋板〕『堯』上有『即』字。」阮記云：「『堯』上，宋板有『即』字。○按：宋本是也。」盧記云：「宋板『堯』上有『即』字，是也。」案文義，其所撫順者，即是《堯典》「敬授民時」「平秩東作」之類是也。有「即」字是。

47. 頁二十一左　位非其人為空官

按：「人」，八行本、八行乙本、足利本、九行本、蒙古本（抄）、關西本、十行本（元）、靜嘉堂本（元）、劉本（元）、永樂本、閩本、明監本、毛本、李本、王本、監圖本同；岳本作「才」。阮記云：「人，岳本作『才』。」案諸本疏文云：「位非其人，所職不治，是為空官。」據此，作「人」是，岳本作「才」誤。

48. 頁二十二右　尊卑彩章各異

按：「彩」，八行本、八行乙本、足利本、九行本、蒙古本（抄）、十行本（元）、靜嘉堂本（元）、劉本（元）、永樂本、閩本、明監本、毛本、李本、王本同；關西本、監圖本、岳本作「采」。阮記云：「彩，岳本、纂傳俱作『采』。按：『采』『彩』古今字。」盧記云：「岳本、纂傳『彩』作『采』。『采』『彩』古今字。」阮記言是，「彩」「采」古今字。

49. 頁二十三左　鄭玄以為并上之禮

按：「之」，單疏本、八行本、八行乙本、足利本、九行本、蒙古本（抄）、關西本、十行本（元）、靜嘉堂本（元）、劉本（元）、永樂本、閩本、明監本、毛本皆同。《正字》云：「『之』當『典』字誤。」阮記云：「浦鏜云：『之』當『典』字誤。」盧記同。諸本皆作「之」，浦說待考。

50. 頁二十三左　自我民明威

按：「威」，八行本、八行乙本、足利本、九行本、蒙古本（抄）、關西本、十行本（元）、靜嘉堂本（元）、劉本（元）、永樂本、閩本、明監本、毛本、李本、王本、監圖本、岳本、唐石經、白文本皆同，《要義》所引亦同。《考文》云：「〔古本〕『威』作『畏』。謹按：古字，通用。」阮記云：「威，古本作『畏』。山井鼎曰：古字通用。王應麟曰：古文『天明畏自我民明畏』，

今文下『畏』字作『威』，蓋衛包所改。當從古。〇按：王所云古文即宋次道家本也，多不足據。」盧記同。檢內野本即作「畏」，亦知確有古本作「畏」字者，而段玉裁所言「王所云古文即宋次道家本也，多不足據」似為誤判。

51. 頁二十三左　是天明可畏之効

按：「効」，八行本、八行乙本、足利本、九行本、蒙古本（抄）、關西本、十行本（元）、靜嘉堂本（元）、劉本（元）、永樂本、閩本、明監本、毛本、李本、王本、監圖本同；岳本作「效」，《要義》所引同。阮記云：「効，岳本、纂傳俱作『效』，是也。」案「効」為「效」字俗寫，故而或從岳本、《要義》作「效」為宜。

52. 頁二十三左　徒亦贊奏上古行事而言之

按：「而」，九行本、蒙古本（抄）、十行本（元）、靜嘉堂本（元）、劉本（元）、閩本、明監本、毛本、李本、王本、監圖本、岳本同，《要義》所引亦同；八行本無「而」字，八行乙本、足利本同無。《考文》云：「宋板無『而』字。」阮記云：「宋板無『而』字。」八行本無「而」字，或是其合刻注疏時刊漏「而」字。《要義》據八行本刪節時有「而」字，知《要義》亦有補正。

53. 頁二十四右　非己知思而所自能

按：「思」，單疏本、八行本、八行乙本、足利本、蒙古本（抄）、十行本（元）、靜嘉堂本（元）、劉本（元）、永樂本、閩本同；九行本作「天」，明監本、毛本同。《考文・補遺》引文「非己知天而所自能」，云：「〔宋板〕『天』作『思』。」阮記引文「非己知天而所自能」，云：「天，宋板、十行、閩本俱作『思』。」盧記引文「非己知思而所自能」，云：「宋板、閩本同。毛本『思』作『天』。」案經文云「予未有知思」，《傳》文云「言我未有所知，未能思致於善……承以謙辭」，則此處疏文似亦當作「思」。禹美皋陶，皋陶承之以謙，稱唯贊上古所行之事，非其智思而致於此，是皋陶謙也。綜上，作「思」是。

卷　五

1. 頁一右　又合此篇於皋陶謨

按：「謨」，關西本、十行本（元）、靜嘉堂本（元）、劉本（嘉靖）、永樂本、閩本同；單疏本作「謨」，八行本、八行乙本、足利本、九行本、蒙古本（抄）、明監本、毛本同。阮記引文「又合此篇於皋陶謨」，云：「『謨』，十行、閩本俱誤作『謀』。」盧記引文「又合此篇於皋陶謀」，云：「岳本『謀』作『謨』。毛本同。案：『謀』字誤。」作「謀」顯誤。關西本、十行本皆誤作「謀」，疑已佚之宋十行本已誤作「謀」。

2. 頁二左　精神昏瞀迷或

按：「或」，十行本（元）、靜嘉堂本（元）、劉本（元）、永樂本同；單疏本作「惑」，八行本、八行乙本、足利本、九行本、蒙古本（抄）、關西本、閩本、明監本、毛本同。阮記引文「精神昏瞀迷惑」，云：「惑，十行本作『或』。」盧記引文「精神昏瞀迷或」，云：「毛本『或』作『惑』。」案諸本上疏文云「瞀者，眩惑之意」，則此處疏文亦當以「惑」為是。

3. 頁三左　順命以待帝志

按：「命」，九行本、蒙古本、關西本、十行本（元）、靜嘉堂本（元）、劉本（元）、永樂本、閩本、明監本、毛本、李本、王本、監圖本、岳本同；八行本「命」上有「天」字，八行乙本、足利本同。《考文・補遺》云：「〔古本〕『命』上有『天』字，宋板同。」阮記云：「『命』上，古本、宋板俱有『天』

字。」盧記云：「古本、宋板『命』上有『天』字。」檢內野本無「天」字。又檢山井鼎、物觀所據足利學校藏古本《古文尚書》（皆據《尚書文字合編》）作「順命」，然「命」字旁有小字批校「天」，此批校應是日本學者根據彼邦所藏八行本勘寫的異文，物觀用古本校勘時不明此義，遂稱古本「命」上有「天」字。今案諸本疏文出「其有舉動發號出令則天下大應之，順命以待」，可知孔穎達所據之本即無「天」字，當以無「天」字為宜。八行本、足利本「天命以」三字擠刻，不知八行本合刻注疏時究竟據何本增入「天」字。

4. 頁四右　言惡以刑好也

按：「刑」，蒙古本（抄）、十行本（元）、靜嘉堂本（元）、劉本（元）、閩本、永樂本同；單疏本作「形」，八行本、八行乙本、足利本、九行本、關西本、明監本、毛本同。阮記引文「言惡以形好也」，云：「形，十行、閩本俱誤作『刑』。」盧記引文「言惡以刑好也」，云：「閩本同，毛本『刑』作『形』。『刑』字誤也。」當從單疏本等作「形」，阮記言是。

5. 頁五右　在察天下治理及忽怠者

按：「怠」，八行本、八行乙本、足利本、九行本、蒙古本（抄）、關西本、十行本（元）、靜嘉堂本（元）、劉本（元）、永樂本、閩本、明監本、毛本、李本、王本、監圖本、岳本皆同。阮記云：「怠，纂傳作『亂』。」案諸本疏文出「察其政治與忽怠者」，與《傳》文相合，作「怠」是。

6. 頁五左　當誦詩以納諫

按：「當」，蒙古本（抄）、十行本（元）、靜嘉堂本（元）、劉本（元）、永樂本、閩本、明監本、毛本同；八行本作「掌」，八行乙本、足利本、九行本、關西本、李本、王本、監圖本、岳本同。《考文》云：「〔古本〕『當』作『掌』，宋板同。」《正字》云：「『掌』誤『當』。」阮記云：「當，古本、岳本、宋板、纂傳俱作『掌』。按：『當』字非也。」盧記云：「古本、岳本、宋板、纂傳『當』作『掌』。按：『當』字非也。」案文義，樂官職掌誦詩，當以「掌」字為是。

7. 頁五左　當是正其義而颺道之

按：「道」，八行本、八行乙本、足利本、九行本、蒙古本（抄）、關西本、

十行本（元）、靜嘉堂本（元）、劉本（元）、永樂本、閩本、明監本、毛本、李本、王本、監圖本、岳本皆同。《考文・補遺》云：「古本『道』作『導』。」阮記云：「道，古本、纂傳俱作『導』。按：《釋文》無音，作『導』為是。之，古本作『也』。」盧記同。檢內野本作「導」。案文義，此處《傳》文「道」字當作「誦」或「言」字解，即是疏文所謂「正其義而顯揚之」。綜上，作「道」為宜。

8. 頁六右　書其過者以以識

按：「以識」，十行本（元）、靜嘉堂本（元）、劉本（元）、永樂本同；單疏本作「識哉」，八行本、八行乙本、足利本、九行本、關西本同；蒙古本（抄）作「識之」，閩本、明監本、毛本同。《考文》引文「書其過者以識之」，云：「〔宋板〕『之』作『哉』。」阮記引文「書其過者以識之」，云：「之，宋板作『哉』。十行本『識之』誤作『以識』。」盧記引文「書其過者以識」，云：「宋板『識』下有『哉』字。毛本作『以識之』。」當從單疏本、八行本等作「識哉」。十行本誤重「以」字，又漏「哉」字。

9. 頁六右　易辭云

按：「易」，蒙古本（抄）、十行本（元）、靜嘉堂本（元）、劉本（元）、永樂本、閩本、明監本、毛本同；單疏本「易」下有「繫」字，八行本、八行乙本、足利本、九行本同，《要義》所引亦同；關西本作「繫」。《考文》云：「〔宋板〕『易』下有『繫』字。」阮記云：「『易』下宋板有『繫』字，是也。」盧記同。單疏本、八行本等不闕「繫」字。疑十行本所據已佚之宋十行本闕「繫」字。又南宋末年所刻關西本所據之本或亦闕「繫」字，為使文義通暢，關西本改「易」為「繫」。

10. 頁七右　或當二代天子

按：「二」，靜嘉堂本（元）、劉本（元）、明監本、毛本同；單疏本作「三」，八行本、八行乙本、足利本、九行本、蒙古本（抄）、關西本、十行本（元）、永樂本、閩本同，《要義》所引亦同。《考文》云：「〔宋板〕『二』作『三』。」阮記云：「二，宋板作『三』。」盧記同。作「三」是。靜嘉堂本、劉本此葉雖為元刻板葉，然年歲漸久，刻版當中「三」字應有脫落，中期、後期印刷時遂印作「二」字。

11. 頁九右　則保以修之

按：「以」，單疏本、八行本、八行乙本、足利本、九行本、蒙古本（抄）、關西本、十行本（元）、靜嘉堂本（元）、劉本（元）、永樂本、閩本、明監本、毛本皆同，《要義》所引亦同。阮記云：「以，宋板作『而』。」諸本皆作「以」。《考文·補遺》引文「知其忽怠，則改以修之」，云：「〔宋板〕『以』作『而』。」可知物觀當是指下疏文「則改以修之」之「以」字，而阮元等人誤圈「則保以修之」之「以」字出校。案下疏文「知其忽怠則改以修之」，單疏本、八行本、足利本等「以」作「而」，是也。

12. 頁九右　若樂云合度

按：「云」，蒙古本（抄）、十行本（元）、靜嘉堂本（元）、劉本（元）、閩本、永樂本同；單疏本作「音」，八行本、八行乙本、足利本、九行本、關西本、明監本、毛本同，《要義》所引亦同。阮記引文「若樂音合度」，云：「音，十行、閩本俱誤作『云』。」盧記引文「若樂云合度」，云：「岳本『云』作『音』，是也。閩本亦誤。」諸本下疏文云「樂音合度也」，則此處疏文亦當作「音」。

13. 頁十左　明庶以功

按：「庶」，八行本、八行乙本、足利本、九行本、蒙古本（抄）、關西本、十行本（元）、靜嘉堂本（元）、劉本（元）、永樂本、閩本、明監本、毛本、李本、王本、監圖本、岳本、唐石經、白文本皆同。《考文》云：「〔古本〕『庶』作『試』。」阮記云：「庶，古本作『試』。按：《正義》作『庶』。又僖二十七年《左傳》引《夏書》曰『賦納以言，明試以功，車服以庸』，《疏》云：此古文《虞書·益稷》之篇，古文作『敷納以言，明庶以功』，『敷』作『賦』，『庶』作『試』。師受不同，古字改易耳。○按：王符《潛夫論》亦引作『試』，正與《左氏》合。」盧記同。檢內野本作「試」，古本確有作「試」者，今存之待考。

14. 頁十左　明之皆以功大小為差

按：「大小」，八行本、八行乙本、足利本、九行本、蒙古本（抄）、關西本、十行本（元）、靜嘉堂本（元）、劉本（元）、永樂本、閩本、明監本、毛本、李本、王本、監圖本、岳本皆同，《要義》所引亦同。《考文》云：「〔古本〕

無「大小」二字。」阮記云：「古本無『大小』二字。」檢內野本有「大小」二字。又檢山井鼎《考文》所據足利學校藏古本《古文尚書》「功」下加兩小圈，並有「大小」二字，此部古本抄寫時抄漏「大小」二字，隨後又補於正文之側。山井鼎誤解其所據古本，阮記又承山井鼎之誤。當以有「大小」二字為是。

15. 頁十一左　不宜試驗

按：「宜」，蒙古本（抄）、十行本（元）、靜嘉堂本（元）、劉本（嘉靖）、永樂本、閩本、明監本同；單疏本作「嘗」，八行本、八行乙本、足利本、九行本、關西本、毛本同。《正字》云：「嘗，監本誤『宜』。」阮記引文「不嘗試驗」，云：「嘗，十行、閩俱作『宜』。」案文義，既云帝用臣不是，則不嘗試驗之，不知臧否之，皆為不是之狀。作「嘗」是，作「宜」則文義不通。

16. 頁十二右　得使災消沒

按：「災」，蒙古本（抄）、十行本（元）、靜嘉堂本（元）、劉本（元）、永樂本、閩本、明監本同；單疏本「災」上有「天」字，八行本、八行乙本、足利本、九行本、關西本、毛本同。《正字》云：「監本脫『天』字。」阮記引文「得使天災消沒」，云：「十行、閩、監俱無『天』字。」盧記引文「得使天災消沒」，云：「閩本、明監本同。毛本『災』上有『天』字。」當從單疏本等有「天」字為是。

17. 頁十五右　言神人治

按：「治」，九行本、蒙古本（抄）、關西本、十行本（元）、靜嘉堂本（元）、劉本（元）、永樂本、閩本、明監本、毛本、李本、王本、監圖本同；八行本作「洽」，八行乙本、足利本、岳本同。《考文》云：「〔古本〕『治』作『洽』。」《正字》云：「『洽』誤『治』。」阮記云：「治，古本、岳本、宋板俱作『洽』。」盧記同。案疏文云「言神人洽樂音和也」，則《傳》文當作「洽」為是。

18. 頁十五右　言舜致教平

按：「致」，九行本、關西本、十行本（元）、靜嘉堂本（元）、劉本（元）、永樂本同；單疏本作「政」，八行本、八行乙本、足利本、蒙古本（抄）、閩本、明監本、毛本同。阮記引文「言舜政教平」，云：「政，十行本誤作『致』。」

案《傳》文云「立政以禮，治成以樂，所以太平」，據此，則疏文作「政」是。

19. 頁十八右　言天合奉正天命

按：「天合」，單疏本、八行本、八行乙本、足利本、九行本、蒙古本（抄）、關西本、十行本（元）、靜嘉堂本（元）、劉本（嘉靖）、永樂本、閩本同；明監本、毛本作「人君」。《考文》引文「言人君奉政天命以臨下民」，云：「〔宋板〕作『言天合奉正天命以臨下民』，正、嘉二本同。謹按：不可解也。」《正字》引文「言人君奉正天命」，云：「正，毛本誤『政』。」阮記引文「人君奉政天命」，云：「宋板、十行、正、嘉、閩本俱作『言天合奉正天命』。山井鼎曰：不可解也。○按：『天合』當作『人君』，『政』當作『正』，惟監本得之。」盧記引文「天合奉正天命」，云：「宋板、閩本同。山井鼎曰：不可解也。○按：『天合』當作『人君』，明監本得之。毛本『正』誤『政』。」今頗疑此處疏文當是單疏本刊漏「子」字，此段疏文或應作「天子合奉正天命」。

20. 頁十八右　惟在慎微不忍細事也

按：「忍」，十行本（元）、靜嘉堂本（元）、永樂本同；單疏本作「忽」，八行本、八行乙本、足利本、九行本、蒙古本（抄）、關西本、劉本（嘉靖）、閩本、明監本、毛本同。阮記引文「惟在慎微不忽細事也」，云：「忽，十行本誤作『忍』。」盧記引文「惟在慎微不忍細事也」，云：「案：『忍』當作『忽』，各本皆不誤。」案文義，慎微而不忽細事，作「忍」則文義不通。

21. 頁十八右　元良首也

按：「良」，單疏本、八行本、八行乙本、足利本、九行本、蒙古本（抄）、關西本、十行本（元）、靜嘉堂本（元）、劉本（嘉靖）、永樂本、閩本同，《要義》所引亦同；明監本、毛本作「首」。阮記引文「元首首也」，云：「元首，十行、閩本俱作『元良』，與《釋詁》合。」盧記引文「元良首也」，云：「毛本『元良』作『元首』。案：『元良』與《釋詁》合。」明監本誤「良」作「首」，毛本承其誤。

22. 頁十八右　傳憲法至其識

按：「識」，九行本、十行本（元）、靜嘉堂本（元）、永樂本同；單疏本

作「職」，八行本、八行乙本、足利本、蒙古本（抄）、關西本、劉本（嘉靖）、閩本、明監本、毛本同。阮記引文「傳憲法至其職」，云：「職，十行本誤作『識』。」盧記引文「傳憲法至其識」，云：「毛本『識』作『職』，是也。」案諸本《傳》文出「敬其職」，則疏文標目亦當作「職」。

23. 頁十八左　為義同而文變耳

按：「義」，明監本、毛本同；單疏本作「一」，八行本、八行乙本、足利本、九行本、蒙古本（抄）、關西本、十行本（元）、靜嘉堂本（元）、劉本（嘉靖）、閩本，《要義》所引亦同；永樂本作「意」。阮記云：「義，十行、閩本俱作『一』，是也。」案文義，疏文是指經文「庶事康哉」之「庶事」，與經文「萬事墮哉」之「萬事」，其實一也。當從單疏本等作「一」為宜。

卷　六

1. 頁二右　洪水汎溢

按:「汎溢」,八行本、八行乙本、足利本、九行本、關西本、十行本(元)、靜嘉堂本(元)、劉本(嘉靖)、永樂本、閩本、明監本、李本、王本、監圖本、岳本同;蒙古本(抄)作「泛溢」。阮記云:「汎溢,纂傳作『泛濫』。」敦煌殘卷伯三六一五號(皆據《尚書文字合編》)作「汎溢」,又案單疏本疏文云「洪水流而汎溢」,據此,《傳》文作「汎溢」為宜。

2. 頁二左　故言分布治之之

按:「之」,十行本(元)、靜嘉堂本(元)、劉本(嘉靖)、永樂本同;單疏本無「之」字,八行本、八行乙本、足利本、九行本、關西本同無;蒙古本(抄)作「也」,閩本、明監本、毛本同。《考文‧補遺》引文「分布治之也」,云:「〔宋板〕無『也』字。」阮記引文「故言分布治之也」,云:「宋板無『也』字。十行本『也』誤作『之』。」盧記引文「故言分布治之之」,云:「宋板不重『之』字,毛本次『之』字作『也』。」單疏本、八行本皆不誤,而十行本誤重「之」字,閩本改下「之」字作「也」,仍非。

3. 頁二左　雍州高於豫州

按:「州」,單疏本、八行本、八行乙本、足利本、九行本、蒙古本(抄)、關西本、十行本(元)、靜嘉堂本(元)、劉本(嘉靖)、永樂本、閩本、明監本、毛本同,《要義》所引亦同。阮記、盧記皆無說,不知為何於此加圈。下

「豫州高於青徐」之「徐」字旁，「雍豫之水」之「水」字下，「從青徐而入海也」之「也」字旁，「梁高於荊」之「荊」字下，「荊高於揚」之「揚」字下，「梁荊之水」之「水」字下，「從揚而入海也」之「也」字下，並有小圈。然阮記、盧記皆無說，未詳其何意。

4. 頁三左　山南見曰

按：「曰」，十行本（元）、靜嘉堂本（元）、劉本（元）、永樂本同；單疏本作「日」，八行本、八行乙本、足利本、九行本、蒙古本（抄）、關西本、閩本、明監本、毛本同，《要義》所引亦同。阮記引文「山南見日」，云：「日，十行本誤作『曰』。」盧記引文「山南見曰」，云：「毛本『曰』作『日』，是也。」單疏本等作「日」是，十行本誤「日」作「曰」。閩本改「曰」為「日」，是。

5. 頁四右　錯雜

按：「雜」，八行本、八行乙本、足利本、九行本、蒙古本（抄）、關西本、十行本（元）、靜嘉堂本（元）、劉本（元）、永樂本、閩本、明監本、毛本、李本、王本、監圖本、岳本皆同。阮記云：「古本《史記集解》下俱有『也』字。按：此與『海物惟錯』傳『錯雜』小異，此以『雜』訓『錯』，彼則二字平讀。」盧記同。檢敦煌殘卷伯三六一五號、內野本「雜」下有「也」字。此為魏晉隋唐寫本所保留的虛詞，今不必盡從古本。

6. 頁四左　豫州與冀州等一同

按：「等」，蒙古本（抄）、十行本（元）、靜嘉堂本（元）、劉本（元）、永樂本、閩本、明監本同；單疏本作「第」，八行本、八行乙本、足利本、九行本、關西本、毛本同，《要義》所引亦同。阮記引文「豫州與冀州第一同」，云：「第，十行、閩、監俱誤作『等』。」盧記引文「豫州與冀州等一同」，云：「案：『等』當作『第』，閩本、明監本並誤。」案文義，豫州與冀州同第一，故下文云無第二之賦。單疏本、八行本等作「第」是。

7. 頁五左　今鉅鹿縣北廣河澤也

按：「河」，單疏本、八行本、八行乙本、足利本、九行本、蒙古本（抄）、

關西本、十行本（元）、靜嘉堂本（元）、劉本（元）、永樂本、閩本、明監本、毛本皆同，《要義》所引亦同。阮記云：「河，纂傳作『阿』。按：下『廣河』亦當作『阿』。」盧記云：「纂傳『河』作『阿』是也。下『廣河』同。」案宋覆景祐本《漢書‧地理志》鉅鹿郡，鉅鹿縣之後，有縣曰「廣阿」，西漢初呂后又封任敖為廣阿侯，《史記‧高祖功臣侯年表》亦載「廣阿」，皆為「廣阿」之明證。然檢南宋黃善夫刻三家主本《史記》卷二十九《河渠書》云「至于大陸」，《史記正義》曰：「大陸澤……一名廣河澤，一名鉅鹿澤也。」又《四部叢刊》影宋刊本郭注《爾雅》云「晉有大陸」，郭注曰：「今鉅鹿北廣河澤是也。」後世之本或有作「廣河」者，音形相近而訛。當從《漢書‧地理志》以「廣阿」為正。

8. 頁五左　郭璞云廣河

按：「河」，單疏本、八行本、八行乙本、足利本、九行本、蒙古本（抄）、關西本、十行本（元）、靜嘉堂本（元）、劉本（元）、永樂本、閩本、明監本、毛本同，《要義》所引亦同。當作「阿」，詳細考證見「今鉅鹿縣北廣河澤也」條。

9. 頁五左　相去其遠

按：「其」，靜嘉堂本（元）、劉本（元）、永樂本同；單疏本作「甚」，八行本、八行乙本、足利本、九行本、蒙古本、關西本、十行本（元）、閩本、明監本、毛本同，《要義》所引亦同。阮記引文「相去甚遠」，云：「甚，十行本誤作『其』。」盧記引文「相去其遠」，云：「毛本『其』作『甚』，是也。」靜嘉堂本、劉本此葉雖為元刻版頁，然刻板年歲漸久，版片「甚」字筆畫有脫落，遂印作「其」字。

10. 頁五左　故大陸澤名廣河

按：「河」，單疏本、八行本、八行乙本、足利本、九行本、蒙古本（抄）、關西本、十行本（元）、靜嘉堂本（元）、劉本（元）、永樂本、閩本、明監本、毛本皆同，《要義》所引亦同。當作「阿」，詳細考證見「今鉅鹿縣北廣河澤也」條。

11. 頁五左　島夷皮服

按：「島」，八行本、八行乙本、足利本、九行本、蒙古本（抄）、關西本、

十行本（元）、靜嘉堂本（元）、劉本（元）、永樂本、閩本、明監本、毛本、李本、王本、岳本、白文本同；監圖本作「嶋」，唐石經同。阮記云：「臧琳曰：孔《傳》：海曲謂之嶋，《正義》曰：孔讀『鳥』為『嶋』。鄭玄云：鳥夷，東方之民，搏食鳥獸者也。王肅云：鳥夷，東北夷國名也。與孔不同。據此知鄭、王本皆作『鳥夷』，孔《傳》雖讀『鳥』為『嶋』，然未改經字，故《正義》本亦作『鳥』也。《史記·夏本紀》冀州作鳥夷，揚州作嶋夷。蓋因《集解》採孔《傳》，後人遂私改《漢書·地理志》冀州、揚州皆作『鳥夷』。《羣經音辨》鳥部云：鳥，海曲也，當老切，《書》『鳥夷』。是北宋孔《傳》尚作『鳥』字。○按：唐石經已作『嶋』。」盧記同。今按敦煌殘卷伯三六一五號此處經文作「嶋」，內野本作「島」。檢《說文解字》出「嶋」，云：「海中往往有山可依止，曰嶋。」伯三六一五號、唐石經、監圖本作「嶋」，似合《說文解字》也。而阮記所考，是謂孔穎達《正義》所據之本作「鳥」，與鄭玄、王肅之本相同，與孔安國《古文尚書》經傳不同。檢初唐寫本岩崎本（皆據《尚書文字合編》）下經文云「鳥夷卉服」，與傳世刊本作「島夷卉服」不同。據岩崎本下經文「鳥夷卉服」大致推斷此處經文「島夷皮服」亦有古本作「鳥夷皮服」。今以為，此處經文當從唐石經作「嶋」為宜。

12. 頁七右　濟河間其氣專體性信謙

按：「專體」，蒙古本（抄）、十行本（元）、靜嘉堂本（元）、劉本（元）、永樂本、閩本同；單疏本作「專質體」，八行本、八行乙本、足利本、九行本、關西本同，《要義》所引亦同；明監本作「專質」，毛本同。《考文》引文「濟河間其氣專質性信謙」，云：「〔宋板〕『質』下有『體』字。正、嘉二本無『質』字，作『體性信謙』。」阮記引文「濟河間其氣專質性信謙」，云：「宋板『質』下有『體』字。十行、正、嘉、閩本俱無『質』字，作『體性信謙』。」盧記引文「濟河間其氣專體性信謙」，云：「宋板『體』上有『質』字。毛本『體』作『質』。」今當以單疏本、八行本等作「專質體」為是，此段疏文斷作「濟河間，其氣專質，體性信謙」。

13. 頁七右　河南其性安舒厥性寬豫

按：「性安舒厥性寬豫」，單疏本、八行本、八行乙本、足利本、九行本、蒙古本（抄）、關西本、十行本（元）、靜嘉堂本（元）、劉本（元）、永樂本、

閩本、明監本同，《要義》所引亦同；毛本作「氣著密厥性安舒」。《考文·補遺》引文「其氣著密厥性安舒」，云：「〔宋板〕作『其性安舒厥性寬豫』。」阮記引文「河南其氣著密厥性安舒」，云：「下八字，宋板、十行、閩本俱作『其性安舒厥性寬豫』。按：此及上條尔正疏所引俱與毛本同。」盧記引文「河南其性安舒厥性寬豫」，云：「宋板、閩本同。毛本作『其氣著密厥性安舒』。」案阮刻本《爾雅注疏》卷七《釋地》，其疏文云「李巡云：河南其氣著密，厥性安舒」，與毛本相合。又《尚書正義》此處所引李巡注文，言冀州、兗州、徐州、揚州、荊州、豫州、雍州風俗，皆先其言「氣」，再言其「性」。單疏本等疏文所引「河南其性安舒，厥性寬豫」，只言豫州之「性」，未言豫州之「氣」，與文例不合。疑當從毛本作「氣著密厥性安舒」，云「河南其氣著密，厥性安舒」。

14. 頁八右　民居丘土

按：「土」，蒙古本（抄）、十行本（元）、靜嘉堂本（元）、劉本（元）、永樂本、閩本同；單疏本作「上」，八行本、八行乙本、足利本、九行本、關西本、明監本、毛本同。阮記引文「民居邱上」，云：「上，十行、閩本俱誤作『土』。」盧記引文「民居邱上」，云：「案：『土』當作『上』。閩本亦作『土』。毛本不誤。」案文義，地高曰丘，洪水之時民居於高地，即居於丘上，洪水退時，遂得居平地，即下丘陵矣。據此，作「上」是。

15. 頁八右　而夾川兩大流之間

按：「川」，單疏本、八行本、八行乙本、足利本、九行本、蒙古本（抄）、關西本、十行本（元）、靜嘉堂本（元）、劉本（元）、永樂本、閩本、明監本、毛本同阮記云：「川，纂傳作『於』。按：『川』字非也。」盧記同。疑「川」「兩」二字誤倒，當作「而夾兩川大流之間」，謂兗州位於濟、河二水之間。

16. 頁八右　遭洪水其民尤困

按：「其」，單疏本、八行本、八行乙本、足利本、九行本、蒙古本（抄）、關西本、十行本（元）、靜嘉堂本（元）、劉本（元）、永樂本、閩本、明監本、毛本皆同。阮記云：「其，纂傳作『之』。」案文義，「其」謂兗州也，兗州既寡於山，遭洪水時，其民尤困也。作「其」不誤。

17. 頁八右　與徐揚三州

按：「三」，單疏本、八行本、八行乙本、足利本、九行本、蒙古本（抄）、關西本、十行本（元）、靜嘉堂本（元）、劉本（元）、永樂本、閩本、明監本、毛本皆同。阮記云：「三，纂傳作『二』，是也。」盧記同。案文義，所謂「惟此州與徐揚三州」，是謂兗州、徐州、揚州三州也。作「三」是。

18. 頁八右　賦與九相當

按：「九」，八行本、八行乙本、足利本、九行本、蒙古本（抄）、關西本、十行本（元）、靜嘉堂本（元）、劉本（元）、永樂本、閩本、明監本、毛本、李本、王本、監圖本、岳本同，《要義》所引亦同。《考文》云：「〔古本〕『九』下有『州』字。」阮記云：「『九』下古本有『州』字。」盧記同。檢內野本「九」下有「州」字。案文義，兗州治水在最後畢，為第九，其賦亦為第九，正與第九州相當。據此，作「九」是，作「九州」則文義不通。古本不可盡從。

19. 頁八左　是十三年而八州平

按：「三」，蒙古本（抄）、十行本（元）、靜嘉堂本（元）、劉本（元）、永樂本、閩本同；八行本作「二」，八行乙本、足利本、九行本、關西本、明監本、毛本同，《要義》所引亦同。阮記引文「是十二年而八州平」，云：「二，十行本、閩本俱誤作『三』。」盧記引文「是十三年而八州平」，云：「案：『三』當作『二』。閩本亦作『三』，毛本不誤。」案文義，治水也，它州十二年已皆平，唯兗州第十三年平，即是十二年八州平也。作「二」是。

20. 頁八左　盛之筐篚而貢焉

按：「筐」，十行本（元）、靜嘉堂本（元）、劉本（元）、永樂本同；八行本作「筐」，八行乙本、足利本、九行本、蒙古本（抄）、關西本、閩本、明監本、毛本、李本、王本、監圖本、岳本同，《要義》所引亦同。阮記引文「盛之筐篚而貢焉」，云：「筐，十行本誤作『筐』，《疏》同。」盧記引文「盛之筐篚而貢焉」，云：「案：筐篚，當作『筐篚』。《疏》同。」八行本等作「筐」不誤。十行本誤「筐」作「筐」，形近之訛。

21. 頁九右　得乘舟經達也

按：「經」，單疏本、八行本、八行乙本、足利本、九行本、關西本、十行本（元）、靜嘉堂本（元）、劉本（元）、永樂本、閩本同；蒙古本（抄）作「徑」，明監本、毛本同，《要義》所引亦同。《考文》引文「得乘舟徑達也」，云：「〔宋板〕『徑』作『經』。」阮記云「得乘舟徑達也」，云：「徑，宋板、十行俱作『經』。」盧記引文「得乘舟經達也」，云：「宋板同。毛本『經』作『徑』。」案文義，此《疏》是釋「達」字之義，「達」者，不須捨舟而陸行也。疏文舉揚州為例，揚州沿於江海，達於淮泗，是謂舟沿江入海，由海入淮，由淮入泗，水路相通，舟可徑達，不須陸行。作「徑」是。《要義》雖據八行本而來，其改「經」作「徑」，是也。

22. 頁九左　東北至千乘博昌縣入海

按：「海」，單疏本、八行本、八行乙本、足利本、九行本、蒙古本（抄）、關西本、十行本（元）、靜嘉堂本（元）、劉本（元）、永樂本、閩本、明監本、毛本同，《要義》所引亦同。阮記云：「海，纂傳作『沛』，與《漢志》合。」沛即濟水也。案《史記·河渠書》云：「于齊則通菑、濟之間。」齊溝通淄、濟，則此前淄水當單獨入海，與濟水無涉。而《漢志》載「東北至千乘博昌縣入沛」，是西漢末時淄水支流入濟，再入海之情形，此時淄水正流入海之道已絕。孔穎達此處疏文雖引《漢志》，但其所釋《禹貢》「淄水」，非西漢末之情形。因此，無論淄水正流，或是支流合於濟水，大體皆經博昌縣入海。頗疑疏文作「海」，是孔穎達對淄水入海問題的模糊處理。作「海」或不誤。

23. 頁九左　岱畎絲枲

按：「畎」，八行本、八行乙本、足利本、九行本、蒙古本（抄）、關西本、十行本（元）、靜嘉堂本（元）、劉本（元）、永樂本、閩本、明監本、毛本、李本、王本、監圖本、岳本、唐石經、白文本皆同。阮記云：「陸氏曰：畎，徐本作『畎谷』。○按：徐本蓋『畎』上無『岱』字，『畎』下有『谷』字也。《傳》曰：畎，谷也。則徐本之誤明矣。詳《釋文校勘記》。」盧記云：「陸氏曰：畎，徐本作『畎谷』。○按：徐本蓋『畎』上無『岱』字，『畎』下有『谷』字也。《傳》曰：畎，谷也。則徐本之誤明矣。○補《釋文校勘記》。段玉裁云：此處《釋文》不可通，不當一字為二字也。當云徐本作『甽

谷』也，《說文》曰：㕡，古文也。臄，小篆文也。『谷』下奪一字也。」孔《傳》既以「谷」釋「臄」，則經文不當出「臄谷」，阮記所言是。至於段玉裁謂《釋文》「臄谷」當作「㕡谷」，其所疑無據。

24. 頁十右　一音茂

按：「一」，九行本、關西本、十行本（元）、永樂本、閩本、明監本、毛本、王本、監圖本同；靜嘉堂本（元）空闕；劉本（元）「一」字筆畫有脫落。案阮記、盧記皆無說。視靜嘉堂本、劉本版葉漫漶情況，阮本於「一」字旁加圈，當是阮元等人所據底本亦有漫漶脫落之故。

25. 頁十右　言可耕

按：「耕」，八行本、八行乙本、足利本、蒙古本（抄）、關西本、十行本（元）、靜嘉堂本（元）、劉本（元）、永樂本、閩本、明監本、毛本、李本、王本、監圖本、岳本同，《要義》所引亦同。《考文》云：「〔古本〕下有『作也』二字。」阮記云：「宋板此下有『作也』二字。」盧記同。檢內野本「耕」下有「作也」二字。阮記所謂「宋本」，當是「古本」，此則阮記有誤。案疏文出「言其可耕也」，則孔穎達所據之本當無「作也」二字。古本不可盡從。

26. 頁十左　厥土赤埴墳草木漸包

按：「漸」，八行本、八行乙本、足利本、九行本、蒙古本（抄）、關西本、十行本（元）、靜嘉堂本（元）、劉本（元）、永樂本、閩本、明監本、毛本、李本、王本、監圖本、岳本、唐石經、白文本同。阮記云：「陸氏曰：漸，本又作『蔪』。○按：《說文》『蔪』下云：艸相蔪包也。從艸，斬聲。引《書》『草木蔪包』，『蔪包』者，積緻之皃。僞孔以『進長』釋『蔪』，而或改『蔪』為『漸』，唐已前已如是。」盧記同。陸德明《經典釋文》所據之本作「漸」，又載別本異文「蔪」，《說文》引作「蔪」。存之待考。

27. 頁十左　漸進長

按：「進長」，八行本、八行乙本、足利本、九行本、蒙古本（抄）、關西本、十行本（元）、靜嘉堂本（元）、劉本（元）、永樂本、閩本、明監本、毛本、李本、王本、監圖本、岳本皆同。阮記云：「『進長』二字，《史記集

解》倒。按：《疏》亦倒。」盧記同。案南宋黃善夫刻三家注本《史記》卷二《夏本紀二》云「草木漸包」，《集解》曰：「孔安國曰：漸，長進。包，叢生也。」是《史記集解》所引確作「長進」。諸本疏文云「漸苞，謂長進叢生」，是孔穎達疏文所據之本亦作「長進」。作「進長」，或是作「長進」，存之待考。

28. 頁十一右　出蠙珠及美魚

按：「及」，八行本、八行乙本、足利本、九行本、蒙古本（抄）、關西本、十行本（元）、靜嘉堂本（元）、劉本（元）、永樂本、閩本、明監本、毛本、李本、王本、監圖本同；岳本無「及」字。阮記云：「岳本無『及』字，毛氏曰：『出蠙珠及美魚』下多一字。」盧記同。孫記云：「及美魚，《周官·川師》疏引作『與美魚』，此孔以『及』釋經之『暨』，似不當無。」《傳》文「及」釋經文「暨」，孫記言是。岳本刊漏「及」字。

29. 頁十一左　浮于淮泗達于河

按：「河」，八行本、八行乙本、足利本、九行本、蒙古本（抄）、關西本、十行本（元）、靜嘉堂本（元）、劉本（元、嘉靖）、永樂本、閩本、明監本、毛本、李本、王本、監圖本、岳本、唐石經、白文本皆同。阮記云：「諸本作『河』非也。案：《說文》『菏』字下，《水經·濟水篇》引，並作『達於菏』。《古文尚書疏說》云：菏者，澤名，為濟水所經，又東至于菏者，是在豫之東北，即徐之西北。舟則自淮而泗，自泗而菏，然後由菏入濟，以達於河，此徐之貢道也。」盧記同。阮記以《說文》為據，所考是，當以「菏」為正。

30. 頁十一左　北揚淮

按：「揚」，十行本（元）、靜嘉堂本（元）、永樂本同；八行本作「據」，八行乙本、足利本、九行本、蒙古本（抄）、關西本、閩本、明監本、毛本、李本、王本、監圖本、岳本同；劉本（元、嘉靖）作「陽」。阮記引文「北據淮」，云：「據，十行本誤作『揚』。」盧記引文「北揚淮」，云：「案：『揚』當作『據』。毛本不誤。」八行本等作「據」不誤。十行本誤「據」作「揚」。劉本此葉局部有修補，「陽」字為嘉靖修補時所刻，仍誤。

31. 頁十二右　錢唐江也

按：「江」，十行本（元）、靜嘉堂本（元）、劉本（元、嘉靖）、閩本、明監本同；九行本「江」下有「浦陽江」三字，蒙古本（抄）、關西本、毛本、王本、監圖本同。《正字》云：「監本脫『浦陽江』三字。」盧記引文「錢塘江也」，云：「岳本『也』上有『浦陽江』三字。此脫誤也。」盧記所謂「岳本」，當為「毛本」。十行本漏釋文「浦陽江」三字，閩本、明監本皆輾轉承襲此誤。毛本補「浦陽江」三字，是。

32. 頁十二右　三江既入此湖也

按：「入」，單疏本、八行本、八行乙本、足利本、九行本、蒙古本（抄）、關西本、十行本（元）、靜嘉堂本（元）、劉本（元、嘉靖）、閩本、明監本、毛本同，《要義》所引亦同。《正字》引文「三江既入入此湖也」，云：「脫一『入』字。」阮記云「浦鏜云：脫一『入』字。」今仍以單疏本等為正，浦鏜所疑無據。

33. 頁十二右　今江入此澤

按：「今」，蒙古本（抄）、關西本、十行本（元）、靜嘉堂本（元）、劉本（元、嘉靖）、閩本、明監本同；單疏本作「令」，八行本、八行乙本、足利本、九行本、毛本同，《要義》所引亦同。《正字》云：「令，監本誤『今』。」阮記引文「今江入此澤」，云：「令，十行、閩、監俱作『今』，非。」盧記引文「今江入此澤」，云：「閩本、明監本同。毛本作『令』。案：所改是也。」案文義，禹治水，令三江入震澤，作「令」是。

34. 頁十二左　厥田惟下下厥賦下上錯

按：「上」，十行本（元）、靜嘉堂本（元）、劉本（元、嘉靖）同；八行本作「上上」，八行乙本、足利本、九行本、蒙古本（抄）、關西本、閩本、明監本、毛本、李本、王本、監圖本、岳本、唐石經、白文本同。阮記引文「厥田惟下下厥賦下上上錯」，云：「十行本脫一『上』字，閩本擠入。」盧記引文「厥田惟下下厥賦下上錯」，云：「閩本『上錯』上更有『上』字。按：所補是也。」十行本顯漏「上」字，閩本補「上」字是。

35. 頁十三右　牙牡齒也

　　按：「牡」，蒙古本（抄）、十行本（元）、閩本、明監本、毛本同；單疏本作「壯」，八行本、八行乙本、足利本、九行本、關西本同，《要義》所引亦同；靜嘉堂本（元）漫漶；劉本（嘉靖）近似「牡」，不成字。《考文》云：「〔宋板〕『牡』作『壯』。」阮記云：「牡，宋板作『壯』。○按：『壯』字不誤，《說文》士部曰：壯，大也。壯齒，謂齒大者。」盧記同。孫記云：「今本《說文》亦作『牡』，段校改『壯』。」當從單疏本等作「壯」是，作「牡」則文義不通，阮記所考是。

36. 頁十三左　凡為織者

　　按：「織」，單疏本、八行本、八行乙本、足利本、九行本、蒙古本（抄）、關西本、十行本（元）、靜嘉堂本（元）、劉本（嘉靖）、閩本、明監本、毛本同，《要義》所引亦同。阮記云：「織，纂傳作『錦』。」盧記同。案文義，疏文是釋《傳》文稱「貝」為水物，又何能「織貝」也。鄭玄以「貝」非水物，而是錦之名，即是織物也，故疏文云「凡為織者，先染其絲」。作「織」是。

37. 頁十三左　當繼荊州乏無也

　　按：「乏」，單疏本、八行本、八行乙本、足利本、十行本、靜嘉堂本（元）、劉本（嘉靖）同；九行本作「之」，蒙古本、關西本、閩本、明監本、毛本同，《要義》所引亦同。《考文》引文「當繼荊州之無也」，云：「〔宋板〕『之』作『乏』。」阮記引文「當繼荊州之無也」，云：「之，宋板、十行俱作『乏』。」盧記引文「當繼荊州乏無也」，云：「宋板同。毛本『乏』作『之』。」作「乏」，或是作「之」，存而待考。

38. 頁十五右　在今蜀郡郪縣

　　按：「郪」，關西本、十行本（元）、靜嘉堂本（元）、劉本（元）同；單疏本作「郫」，八行本、八行乙本、足利本、九行本、蒙古本（抄）、閩本、明監本、毛本同，《要義》所引亦同。阮記引文「在今蜀郡郫縣」，云：「郫，十行本誤作『郪』。」盧記引文「在今蜀郡郫縣」，云：「岳本『郫』作『郪』。案：『郪』字誤也。」郪在魯地，非屬蜀郡。作「郫」是。

39. 頁十五右　沱水自蜀郡都水縣揣山與江別而更流

按：「自」，單疏本、八行本、八行乙本、足利本、九行本、蒙古本（抄）、關西本、十行本（元）、靜嘉堂本（元）、劉本（元）、閩本、明監本、毛本同，《要義》所引亦同。「揣」，單疏本，八行本、足利本、蒙古本、關西本、十行本、靜嘉堂本（元）、劉本（元）、閩本、明監本、毛本同，《要義》所引亦同；九行本作「㩝」。《正字》云：「湔，誤從手旁作。」阮記云：「自，纂傳作『出』。浦鏜云：『湔』誤『揣』。」盧記同。案阮本《爾雅注疏》疏文引郭氏《音義》作「自」、作「揣」。今仍以《尚書正義》以及《爾雅疏》所引「自」「揣」為正。

40. 頁十五右　雲土夢作乂

按：「土」，八行本、八行乙本、足利本、九行本、蒙古本、關西本、十行本（元）、靜嘉堂本（元）、劉本（元）、永樂本、閩奔、明監本、毛本、李本、王本、監圖本、岳本、唐石經、白文本皆同。《正字》云：「案：沈氏括云：石經倒『土夢』字，唐太宗時得古本，始改正。」阮記云：「陸氏曰：雲，徐本作『云』。沈括《筆談》曰：舊《尚書‧禹貢》云『雲夢土作乂』，太宗皇帝時得古本《尚書》作『雲上（土）夢作乂』，詔改《禹貢》從古本。〇按：《筆談》所謂太宗，乃宋太宗也，胡朏明《禹貢錐指》乃以為唐太宗，殆誤矣。《疏》云：經之『土』字在二字之間，開成石經亦作『雲土夢作乂』，則古本即唐世通行本耳。至宋初監本始倒『土夢』二字，蓋据《漢書‧地理志》，不知《史記‧夏本紀》『夢』字亦在『土』下。」盧記同。檢內野本作「雲土夢作乂」，與唐石經及傳世刊本皆同。又疏文云「經之『土』字在二字之間，蓋史文兼上下也」。孔穎達所見之本「土」字亦在「雲」「夢」之間，當仍以此為正。

41. 頁十五左　水可為耕作畎畝之治

按：「水」，蒙古本（抄）、十行本（元）、靜嘉堂本（元）、永樂本、閩本同；單疏本「水」下有「去」字，八行本、八行乙本、足利本、九行本、關西本、明監本、毛本同。阮記引文「水去可為耕作畎畝之治」，云：「十行、閩本俱脫『去』字。」盧記引文「水可為耕作畎畝之治」，云：「閩本同。毛本『水』下有『去』字。案：有者是也。」單疏本等有「去」字是。十行本「水」下誤脫「去」字，閩本承此誤，明監本補「去」字是。

42. 頁十五左　弓人取榦之道也以柘為上

按：「也」，單疏本、八行本、八行乙本、足利本、九行本、蒙古本（抄）、關西本、十行本（元）、靜嘉堂本（元）、劉本（元）、永樂本、閩本、明監本、毛本皆同。《考文》云：「『七』誤『也』。」阮記云：「浦鐙云：『七』誤『也』。○按：作『七』與《攷工記》合。」盧記同。案宋婺州市門巷唐宅刻本《周禮》卷十二《考工記》云：「凡取榦之道七，柘為上。」此處疏文或非直引，作「也」文義亦通。存之待考。

43. 頁十五左　陸機毛詩義疏云

按：「機」，單疏本、八行本、八行乙本、足利本、九行本、蒙古本（抄）、關西本、十行本（元）、靜嘉堂本（元）、劉本（元）、永樂本、閩本、明監本同；毛本作「璣」。《正字》云：「陸璣，監本誤『陸機』，後並同。」阮記引文「陸璣毛詩義疏云」，云：「璣，閩本作『機』，後並同。按：作『機』是也。說詳《爾雅挍勘記》。」盧記同。案《隋書·經籍志》作「機」，又單疏本等作「機」，作「機」為宜。

43. 頁十六左　江淮之間三脊茅以為藉

按：「脊茅」，單疏本、八行本、八行乙本、足利本、九行本、蒙古本（抄）、關西本、十行本（元）、靜嘉堂本（元）、劉本（元）、永樂本、閩本；明監本作「茅脊」，毛本同。《考文·補遺》引文「三茅脊」，云：「〔宋板〕作『三脊茅』。」阮記引文「江淮之間三茅脊以為藉」，云：「『茅脊』二字，宋板、閩本俱倒，不誤。」盧記同。案上《疏》云「茅有三脊」，則作「脊茅」是。閩本作「脊茅」不誤，而明監本誤倒作「茅脊」，毛本承明監本之誤。

44. 頁十七右　鄭云纁者三入而成

按：「纁」，蒙古本（抄）、十行本（元）、靜嘉堂本（元）、劉本（元）、永樂本、閩本、明監本、毛本同；單疏本「纁」上有「染」字，八行本、八行乙本、足利本、九行本、關西本同。阮記云：「『纁』上宋板有『染』字。」《考文》云：「〔宋板〕『纁』上有『染』字。」《正字》云：「脫『染』字。」阮記引文「鄭云纁者」，云：「『纁』上宋板有『染』字。」盧記同。上《疏》云「三染謂之纁」，則染纁三入而成，單疏本、八行本等有「染」字是，十行本脫「染」字。

45. 頁十七右　浮于江沱潛漢

　　按：「潛」，八行本、八行乙本、足利本、九行本、蒙古本（抄）、關西本、十行本（元）、靜嘉堂本（元）、永樂本、閩本、明監本、毛本、李本、王本、監圖本、岳本、唐石經、白文本同，《要義》所引亦同。阮記云：「陸氏曰：江、沱、潛、漢，四水名，本或作『潛于漢』非。《正義》曰：本或『潛』下有『于』，誤耳。」盧記同。江、沱、潛、漢既為四水之名，則「潛」字下不當有「于」字，陸氏言是。

46. 頁十七左　蓋此澤跨河南北多而得名耳

　　按：「多」，單疏本、八行本、八行乙本、足利本、九行本、蒙古本（抄）、關西本、十行本（元）、靜嘉堂本（元）、劉本（元）、永樂本、閩本、明監本、毛本皆同，《要義》所引亦同。《正字》云：「脫『但在河內』四字，從詩疏挍。」阮記云：「浦鏜云：『多』上脫『但在河內』四字，從詩疏挍。」盧記引文「多而得名耳」，云：「浦鏜云：『多』上脫『但在河內』四字，從詩疏挍。」案文義，有「但在河內」四字較勝。

47. 頁十八右　下者壚壚疏

　　按：「疏」，八行本、八行乙本、足利本、九行本、關西本、十行本（元）、靜嘉堂本（元）、劉本（元）、永樂本、李本、王本、監圖本、岳本同；蒙古本（抄）無「疏」字，『壚壚』作『墳壚』，閩本、明監本、毛本同。《考文》引文「下者壚疏」，云：「〔古本〕作『下者壚。壚，疏也。』宋板同，但無『也』字。」《正字》云：「《史記正義》引此《傳》有『壚，疏也』三字。」阮記引文「下者墳壚」，云：「古本作『下者壚。壚，疏也』。岳本、宋板、十行、纂傳俱無『也』字。餘與古本同。許宗彥云：《傳》末『疏』字，今本誤為黑質白文。○按：《史記集解》：孔安國曰：壚，疏也。」盧記引文「下者壚壚疏」，云：「岳本、宋本、纂傳同。古本下有『也』字。毛本作『下者墳壚』。許宗彥云：《傳》末『疏』字，今本誤為黑質白文。○按：《史記集解》：孔安國曰：壚，疏也。」檢敦煌殘卷伯五五二二、敦煌殘卷伯三一六九、內野本此段《傳》文作「下者壚。壚，疏也」。宋本《玉篇》「壚」下云：「《夏書》曰：下土墳壚。壚，疏也。」皆與八行本有「疏」字合，當以有「疏」字為是。

48. 頁十八右　沱山之石

按：「沱」，九行本、十行本（元）、靜嘉堂本（元）、劉本（元）、永樂本同；單疏作「佗」，八行本、八行乙本、足利本、蒙古本（抄）、關西本、閩本、明監本、毛本同。阮記引文「佗山之石」，云：「佗，十行本誤作『沱』。」盧記引文「沱山之石」，云：「案：『沱』當作『佗』。毛本不誤。」此為疏文引《詩》，作「佗」是，作「沱」則誤。

49. 頁十八左　是二者皆山名也于江

按：「也」，蒙古本（抄）、十行本（元）、靜嘉堂本（元）、劉本（元）、永樂本、閩本同；單疏本「也」下有「沱出」二字，八行本、八行乙本、足利本、九行本、關西本同，《要義》所引亦同；明監本無「也」字而有「沱出」二字，毛本同。《考文》引文「是二者皆出名山，沱出于江」，云：「〔宋板〕『名』下有『也』字。正、嘉二本有『也』字，脫『沱出于江』二字。」阮記引文「是二者皆山名，沱出于江」，云：「『名』下宋板有『也』字。十行、正、嘉、閩本俱有『也』字，脫『沱出』二字，『江』下宋板、正、嘉俱有『也』字。」盧記引文「是二者皆山名，于江」，云：「閩本同。毛本『于』上有『沱出』二字。案：所補是也。」案文義，疏文謂沱水出於江，潛水出於漢，沱、潛二水皆發源於梁州。當以有「沱出」二字為是。

50. 頁十九右　貢四獸之皮織金鏤

按：「織」，八行本、八行乙本、足利本、九行本、蒙古本（抄）、關西本、十行本（元）、靜嘉堂本（元）、劉本（嘉靖）、永樂本、閩本、明監本、毛本、李本、王本、監圖本、岳本皆同，《要義》所引亦同。《考文·補遺》云：「古本作『織皮金鏤也』。」阮記云：「古本作『織皮金鏤也』。○按：《史記集解》『金』作『今』。」盧記同。檢南宋黃善夫刻三家注本《史記·夏本紀》云「熊羆狐狸織皮」，《集解》云：「孔安國曰：貢四獸之皮也。織皮，今鏤也。」檢內野本此段《傳》文云：「貢四獸之皮也。織皮，今鏤也。」內野本「織皮」旁有小字批校「皮織 扌」，「今」字旁有小字批校「金 囗乍」。內野本批校誤認為宋刊本「織皮」作「皮織」，實則當於下一「皮」字旁披作「扌無」，謂宋刊本無下一「皮」字。然內野本正文「金」作「今」，與《史記集解》引文完全相合。又檢日本足利學校所藏山井鼎所校古本作「織皮金鏤也」，或是據校

文改「今」為「金」。今以為《傳》文「織」下本應有「皮」字，後世抄本或抄漏「皮」字，成「織今罽也」，文義不通，後又改「今」為「金」。綜上，當參考《史記集解》、內野本，「織」下補「皮」字，「金」作「今」，作：「貢四獸之皮，織皮，今罽。」

51. 頁十九右　胡人續羊毛作衣

按：「續」，單疏本、八行本、八行乙本、足利本、九行本、蒙古本（抄）、關西本、十行本（元）、靜嘉堂本（元）、劉本（嘉靖）、永樂本、閩本、明監本、毛本皆同，《要義》所引亦同。阮記云：「盧文弨云：『續』當是『繢』字。」盧記同。案《毛詩正義》及《爾雅疏》引作「續」，宋本《太平御覽》引作「績」。未詳孰是，存之待考。

52. 頁二十右　澧水所同同之於渭

按：「之」，八行本、八行乙本、足利本、九行本、蒙古本（抄）、關西本、十行本（元）、靜嘉堂本（元）、劉本（嘉靖）、永樂本、閩本、明監本、毛本、李本、王本、監圖本、岳本同阮記云：「盧文弨云：《史記集解》作『同于渭也』是。」盧記同。檢南宋黃善夫刻三家注本《史記‧夏本紀》云「澧水所同」，《集解》云：「澧水所同於渭也。」疑其非全引孔《傳》，不可據之改文字。

53. 頁二十一右　今燉煌也

按：「燉」，單疏本、八行本、八行乙本、足利本、九行本、蒙古本（抄）、關西本、十行本（元）、靜嘉堂本（元）、劉本（元）、永樂本、閩本同，《要義》所引亦同；明監本作「敦」，毛本同。阮記引文「杜林以為敦煌郡。敦，宋板、十行、正、嘉、閩本、纂傳俱作『燉』。下文『敦』字，宋板、十行從火，正、嘉、閩本從土。○按：作『敦煌』與《漢書‧地理志》合。唐人乃作『燉』，見《元和郡縣志》。」阮刻本上「杜林以為燉煌郡」之「燉」字旁未加圈，而於「今燉煌也」之「燉」字旁加圈。今仍以單疏本等作「燉」為是。

54. 頁二十一右　禹治水未已竄三苗

按：「未」，單疏本、八行本、八行乙本、足利本、九行本、蒙古本（抄）、

關西本、十行本（元）、靜嘉堂本（元）、劉本（元）、永樂本、閩本、明監本、毛本同，《要義》所引亦同。《正字》云：「『未』下疑脫『平』字。」阮記云：「浦鏜云：『未』下疑脫『平』字。許宗彥云：『未』字當在『禹』下、『治』上。」盧記同。「未」字或當在「禹」下，許宗彥所言或是。

55. 頁二十三左　而後條列所治水於下

按：「列」，八行本、八行乙本、足利本、九行本、蒙古本（抄）、關西本、十行本（元）、靜嘉堂本（元）、劉本（元）、永樂本、閩本、明監本、毛本、李本、王本、監圖本、岳本同，《要義》所引亦同。阮記云：「陸氏曰：列，本或作『別』。」盧記同。案疏文云「而後條列所治水於下」，與《傳》文相合。而陸德明所載「別」字，為別本異文。

56. 頁二十四左　豫章歷陵縣南有博陽山古文以為敷淺文

按：「博陽」，單疏本、八行本、八行乙本、足利本、九行本、蒙古本（抄）、關西本、十行本（元）、靜嘉堂本（元）、劉本（元）、永樂本、閩本、明監本、毛本皆同，《要義》所引亦同。《正字》云：「案：博陽，《漢志》作『傅易』，『敷』作『博』。師古曰：傅，讀曰敷。易，古『陽』字。朱長孺曰：《韻會》：敷，古作『敷』，隸作『傅』，《史·世家》『傅錫庶民』，《漢》文『傅納以言』是也。博陽山，字當作『敷』，『敷』轉為『傅』，『傅』轉為『博』耳。」阮記云：「浦鏜云：博陽，《漢志》作『傅易』，師古曰：『傅』讀曰『敷』，『易』，古『陽』字。朱長孺曰：《韻會》：敷，古作『敷』，隸作『傅』，《史·世家》『傅錫庶民』，《漢》文『傅納以言』是也。博陽山，字當作『敷』，『敷』轉為『傅』，『傅』轉為『博』耳。○按：此或刊本之誤。《傳》中『博』字疑亦當作『傅』，但陸氏不為音，未可遽改。」盧記同。檢宋覆景祐本《漢書·地理志》云「過九江至于敷淺原」，顏師古注曰：「敷淺原，一名傅易山，在豫章歷陵南。」《漢志》「博」作「傅」。檢《尚書文字合編》所收九條本、內野本作「博」，與孔穎達所見所據之本同。蓋「傅」訛作「博」字已久。當以《漢志》為正，作「傅陽」為宜。

57. 頁二十四右　導弱水至于合黎

按：「弱」，八行本、八行乙本、足利本、九行本、蒙古本（抄）、關西本、

十行本（元）、靜嘉堂本（元）、劉本（元）、永樂本、閩本、明監本、毛本、李本、王本、監圖本、岳本、唐石經、白文本皆同，《要義》所引亦同。阮記云：「陸氏曰：弱，本或作『溺』。」盧記同。案陸德明《經典釋文》所據之本作「弱」，然亦載別本異文「溺」。

58. 頁二十五右　河自龍門南流至華山北至東行

按：「至」，蒙古本（抄）、關西本、十行本（元）、靜嘉堂本（元）、劉本（元）、永樂本、閩本、明監本、毛本同；八行本作「而」，八行乙本、足利本、九行本、李本、王本、監圖本、岳本同。《考文》引文「河自龍門南流至華山北至東行」，云：「〔古本〕『華』下有『陰』字，下『至』作『而』，宋板同，但無『陰』字。」《正字》云：「『而東』誤『至東』，從《史記正義》校。」阮記云：「至，古本、岳本、宋板、《史記集解》、纂傳俱作『而』。」盧記同。案文義，河水自龍門向南流至華山之北，自華山北而向東流。作「而」是，作「至」則文義不通。

59. 頁二十五右　見水中若柱然

按：「柱」，八行本、八行乙本、足利本、九行本、蒙古本（抄）、關西本、十行本（元）、靜嘉堂本（元）、劉本（元）、永樂本、閩本、明監本、毛本、李本、王本、監圖本、岳本皆同。《考文》引文「若柱然」，云：「〔古本〕下有『也』字。」阮記云：「『柱』上纂傳有『底』字。」孫記云：「《周禮》野廬氏疏引此注無『底』字。」檢南宋黃善夫刻三家注本《史記・夏本紀》云「砥柱析城至于王屋」，《史記正義》引孔《傳》云「見水中若柱然」，亦無「底」字。當以無「底」字為是。

60. 頁二十五左　東過洛汭至于大伾

按：「伾」，八行本、八行乙本、足利本、九行本、蒙古本（抄）、關西本、十行本（元）、靜嘉堂本（元）、劉本（元）、永樂本、閩本、明監本、毛本、李本、王本、監圖本、岳本、唐石經、白文本皆同。阮記云：「陸氏曰：伾，本又作『岯』。○段玉裁云：《東京賦》『底柱輟流，鐔以大岯』，善《注》引『東過大岯』，此正《釋文》又作之本也。」盧記同。案諸本疏文皆云「岯」，則孔穎達所據之本作「岯」，與陸德明所見別本合。然檢宋覆景祐本《漢書・

地理志》出「東過洛汭至于大伾」，又《說文》有「伾」字而無「岯」字，經文作「伾」為宜。

61. 頁二十五左　北過降水至於大陸

按：「降」，八行本、八行乙本、足利本、九行本、蒙古本（抄）、關西本、十行本（元）、靜嘉堂本（元）、劉本（元）、永樂本、閩本、明監本、毛本、李本、王本、監圖本、岳本、唐石經、白文本皆同。《考文》云：「蔡沈《書集傳》本『降』作『澤』。」阮記云：「降，蔡氏作『澤』。按：此與《大禹謨》『降水』字同義異，《說文》：澤，水不遵道，一曰下也。然則《禹謨》『降』字可作『澤』，此『降』字必不可作『澤』也。唐石經、宋臨安石經亦俱作『降』，知自古無作『澤』者。」盧記同。檢宋覆景祐本《漢書·地理志》出「北過降水，至于大陸」，今仍以「降」為是。

62. 頁二十五左　在大陸之內

按：「內」，蒙古本（抄）、十行本（元）、靜嘉堂本（元）、劉本（元）、永樂本、閩本、明監本同；單疏本作「南」，八行本、八行乙本、足利本、九行本、關西本、毛本同。《正字》云：「南，監本誤『內』。」阮記引文「在大陸之南」，云：「南，十行、閩、監俱作『內』。」盧記引文「在大陸之內」，云：「閩本、明監本同。毛本『內』作『南』。」大陸，澤也，襄國在大陸澤之南，必不在澤之內。作「南」是。

63. 頁二十六右　北近降水也

按：「北」，蒙古本（抄）、關西本、十行本（元）、靜嘉堂本（元）、劉本（元）、永樂本、閩本、明監本、毛本同；單疏本作「此」，八行本、八行乙本、足利本、九行本同，《要義》所引亦同。《考文》云：「〔宋板〕『北』作『此』。」阮記云：「北，宋板作『此』。」盧記同。案文義，鄭氏以為「共」為「降」之聲轉，共水即降水，河內共縣靠近降水，「此」即共縣也。作「此」是。

64. 頁二十六左　遂為北江而入海

按：「入」，八行本、八行乙本、足利本、九行本、蒙古本（抄）、關西本、十行本（元）、靜嘉堂本（元）、劉本（元）、永樂本、閩本、明監本、毛

本、李本、王本、監圖本同,《要義》所引亦同;岳本「入」上有「南」字。《考文》引文「而入海」,云:「〔古本〕作『而入于海也』。」阮記云:「岳本『入』上有『南』字,古本『入海』作『入于海也』。按:《史記集解》、纂傳與今本同。」盧記同。檢宋覆景祐本《漢書・地理志》出「東為北江入于海」,顏師古注曰:「自彭蠡江分為三,遂為北江而入海。」《漢志》顏注所引,與八行本等相合,當以之為是。岳本增「南」字非。

65. 頁二十七右　又東至于澧

　　按:「澧」,八行本、八行乙本、足利本、九行本、蒙古本(抄)、關西本、十行本(元)、靜嘉堂本(元)、劉本(嘉靖)、永樂本、閩本、明監本、毛本、李本、王本、監圖本、岳本、唐石經、白文皆同,《要義》所引亦同。阮記云:「案:澧,《史記》《漢書》俱作『醴』。鄭氏以『醴』為陵名,亦不從水。《史記索隱》曰:騷人所歌『濯余佩於醴浦』,明『醴』是水。孔安國、馬融解得其實。又:虞喜《志林》以『醴』是江沅之別流,而『醴』字作『澧』也。據此,則以『醴』為『澧』,始於虞喜《志林》。安國本作『醴』與馬、鄭同耳。」盧記同。案孔穎達疏文皆出「澧」,則孔穎達所據《古文尚書》經傳作「澧」。然檢宋覆景祐本《漢書・地理志》云「又東至于醴」,南宋黃善夫刻三家注本《史記・夏本紀》亦云「又東至于醴」。案九條本作「醴」,是唐人所寫《古文尚書》亦有作「醴」者,與《史記》《漢志》相合。或當作「醴」為是。

66. 頁二十七右　東迆北會于匯

　　按:「于」,八行本、八行乙本、足利本、九行本、蒙古本(抄)、關西本、十行本(元)、靜嘉堂本(元)、劉本(嘉靖)、閩本、明監本、毛本、李本、王本、監圖本、岳本、唐石經、白文本皆同,《要義》所引亦同。《考文》云:「蔡本『于』作『為』。」《正字》云:「于,本或作『為』。石經及《史記》亦作『于』字。今案:金氏履祥以為若至彭蠡,則江漢合流久矣,當作『北會于漢』。」阮記云:「顧炎武曰:石經及監本注疏皆同,《史記・夏本紀》亦作『于匯』,今本作『為匯』非。《石經考文提要》云:坊本作『為匯』,沿董鼎《書傳》。」盧記同。檢南宋黃善夫刻三家注本《史記・夏本紀》、宋覆景祐本《漢書・地理志》皆作「于」,作「于」是。

67. 頁二十七右　都共北會為彭蠡

按:「共」,八行本、八行乙本、足利本、九行本、永樂本、毛本、王本、監圖本、岳本同,《要義》所引亦同;蒙古本(抄)作「其」,關西本、十行本(元)、靜嘉堂本(元)、劉本(嘉靖)、閩本、明監本、李本同。《考文》云:「共,監本誤『其』。」阮記云:「共,葛本、正、嘉、監俱誤作『其』。古本無『為』字,與《疏》及《史記集解》合。按經文『于』作『為』,《傳》中加『為』字,其誤一也。」盧記引文「都共北會為彭蠡」,云:「葛本、正、嘉本、監本同。毛本『其』作『共』。案:『其』字誤也。又古本無『為』字,與《疏》及《史記集解》合。按:經文『于』作『為』,《傳》中加『為』字,其誤一也。」今按阮本於疏文「共」字旁加圈,檢阮記、盧記皆無說,此當是刻本誤將《傳》文「共」字旁之圈加於疏文「共」字旁。今考證《傳》文「共」「其」正誤。案十行本、靜嘉堂本此葉雖為元刻版葉,然「其」字筆畫有脫落,已與「共」字基本無異。案疏文出「又都共聚合北會彭蠡」,則作「共」是。至於阮記云《傳》文當無「為」字,阮記所考是,疏文即無「為」字,檢九條本、內野本《傳》文無「為」字。當以無「為」字是。

68. 頁二十八右　孔傳云共為雄雌

按:「雄雌」,單疏本、八行本、八行乙本、足利本、九行本、蒙古本(抄)、關西本、十行本(元)、靜嘉堂本(元)、劉本(嘉靖)、永樂本、閩本同,《要義》所引亦同;明監本作「雌雄」,毛本同。阮記、盧記皆無說。案孔《傳》云「鳥鼠共為雌雄」,推斷明監本應是根據《傳》文改疏文「雄雌」作「雌雄」。然孔穎達所見《古文尚書》或即作「雄雌」,今仍兩存《傳》文、疏文之舊,不輕改。

69. 頁二十八右　漆沮二水名

按:「二」,八行本、八行乙本、足利本、九行本、蒙古本(抄)、關西本、十行本(元)、靜嘉堂本(元)、劉本(嘉靖)、永樂本、閩本、明監本、毛本、李本、王本、監圖本、岳本皆同,《要義》所引亦同。阮記云:「按:『二』當作『一』。洛水,一名漆沮,可證也。孫志祖云:《詩·緜》疏引孔安國云:漆沮,一名洛水。漆沮為一,今作『二水名』,誤也。」盧記同。今案唐人所寫九條本此處《傳》文云「漆沮,一名之曰洛水,出馮翊北也」又

內野本云「漆沮，名亦曰洛水，出馮翊北也」。內野本「沮」下以及「名」字旁有小字批校，云：「『二水』二字，或無，扌有。」可知唐人寫本或有「二」作「一」者，又或如內野本雖無「一」字，然其文義亦是指洛水為漆沮水之別名。孔穎達《疏》云「孔以為洛水一名漆沮水」，亦是明證也。再檢山井鼎所據足利學校古本《古文尚書》作「二水」，或是輾轉根據內野本批校補入「二水」二字，已非唐人寫本舊貌。綜上所述，疑「二」當作「一」。

70. 頁二十八右　沮水出北池直路縣

按：「池」，單疏本、八行本、八行乙本、足利本、九行本、關西本、十行本（元）、靜嘉堂本（元）、劉本（嘉靖）、永樂本同；蒙古本（抄）作「地」，閩本、明監本、毛本同，《要義》所引亦同。《考文》引文「沮水出北地直路縣」，云：「〔宋板〕『地』作『池』。」阮記引文「沮水出北地直路縣」，云：「地，宋板、十行俱作『池』。按：《水經》作『地』，不作『池』。」盧記引文「沮水出北池直路縣」，云：「宋板同。毛本『池』作『地』。按：《水經》作『地』，不作『池』。」檢清武英殿聚珍版《水經注》卷十六云「沮水出北地直路縣」。作「地」是，單疏本作「池」誤，八行本等承單疏本之訛。閩本改「池」作「地」是。《要義》雖據八行本而來，其改「池」作「地」，是。

71. 頁三十右　相與共治之

按：「相」，蒙古本（抄）、永樂本、閩本、明監本、毛本同；單疏本無「相」字，八行本、八行乙本、足利本、九行本、關西本同無；十行本（元）作「與」，靜嘉堂本（元）、劉本（元）同。《考文·補遺》云：「〔宋板〕無『相』字。」阮記云：「宋板無『相』字。」盧記同。案單疏本、八行本等本「與」上本無「相」字，然十行本「與」上別衍一「與」字，永樂本、閩本見此處「與與」文義不通，遂改上一「與」字作「相」。綜上，當從單疏本、八行本等刪「相」字。

72. 頁三十右　去王城面五百里

按：「里」，八行本、八行乙本、足利本、九行本、蒙古本（抄）、關西本、十行本（元）、靜嘉堂本（元）、劉本（元）、永樂本、閩本、明監本、毛本、李本、王本、監圖本、岳本皆同。《考文》引文「面五百里」，云：「〔古本〕下

有『內』字。」阮記云：「『里』下，古本有『內』字，依《史記集解》增。《集解》『面』作『近』，閩本『王』誤『至』。」盧記同。案疏文標目云「傳規方至百里」，則孔穎達所據之本或無「內」字。然檢南宋黃善夫刻三家注本《史記·夏本紀》云「今天子之國以外五百里甸服」，《史記集解》引孔《傳》云：「去王城面五百里內。」《史記集解》所引確有「內」字。又檢敦煌殘卷伯二五三三號「里」下有「內」字，九條本「里」下有「內也」二字，可知日本所傳古本有「內」字並非根據《史記集解》增入，而是唐人所寫《古文尚書》即有有「內」字者，與《史記集解》所引相合。疑有「內」字者為是。

73. 頁三十一　銍刈謂禾穗

　　按：「銍」，八行本、八行乙本、足利本、九行本、蒙古本（抄）、關西本、十行本（元）、靜嘉堂本（元）、劉本（元）、永樂本、閩本、明監本、毛本、李本、王本、監圖本、岳本皆同，《要義》所引亦同。《考文》引文「銍刈謂禾穗」，云：「〔古本〕作『所銍刈謂禾穗也』。」阮記云：「古本作『所銍刈謂禾穗也』。按：『所』字依《史記集解》增。」盧記同。檢南宋黃善夫刻三家注本《史記·夏本紀》云「二百里納銍」，《史記集解》引孔《傳》云：「所銍刈謂禾穗」。檢敦煌殘卷伯二五三三、九條本、內野本「銍」上皆有「所」字，與《史記集解》所引相合。案文義，所銍刈者，謂禾穗也。或以有「所」字為宜。

74. 頁三十一左　安服王者之政教

　　按：「之」，九行本、蒙古本（抄）、關西本、十行本（元）、靜嘉堂本（元）、劉本（元）、永樂本、閩本、明監本、毛本、王本同；八行本無「之」字，八行乙本、足利本、李本同無，《要義》所引亦同無。《考文》云：「〔古本〕無『之』字，宋板同。『教』下有『也』字。」阮記云：「古本、岳本、宋板俱無『之』字，與《疏》及《史記集解》合。」盧記同。案單疏本疏文云「近言安服王者政教」，即無「之」字。又檢敦煌殘卷伯二五三三無「之」字，與八行本等相合。孔《傳》本無「之」字。九行本、關西本等「之」字為衍文。

75. 頁三十一左　近言王者政教

　　按：「言」，單疏本「言」下有「安服」二字，八行本、八行乙本、足利本、九行本、蒙古本（抄）、關西本、十行本（元）、靜嘉堂本（元）、劉本（元）、

永樂本、閩本、明監本、毛本皆同，《要義》所引亦同。阮記、盧記皆無說。此當為阮本之刻誤。諸本下疏文出「而自服也」，而阮本下疏文作「言安服自服也」，是阮本誤將「言安服」三字誤置於下，而又刊漏「而自服也」之「而」字。

76. 頁三十一左　役賓服當此綏服

按：「役」，關西本、十行本（元）、靜嘉堂本（元）、劉本（元）、永樂本同；單疏本作「彼」，八行本、八行乙本、足利本、九行本、蒙古本（抄）、閩本、明監本、毛本同，《要義》所引亦同。阮記引文「彼賓服當此綏服」，云：「彼，十行本誤作『役』。」盧記引文「役賓服當此綏服」，云：「毛本『役』作『彼』。『役』字誤也。」案文義，上疏文云《國語・周語》之「侯衛賓服」，「彼」即《國語》也，《國語》之「賓服」大體與《尚書》之「綏服」相當。作「彼」是。關西本、十行本皆誤作「役」，疑南宋建陽刻宋十行本亦誤作「役」。

77. 頁三十一左　以文武侯衛為安

按：「侯」，單疏本、八行本、八行乙本、足利本、九行本、關西本、十行本（元）、靜嘉堂本（元）、劉本（元）、永樂本、毛本同，《要義》所引亦同；蒙古本（抄）作「教」，閩本、明監本同。《正字》云：「教，毛本誤『侯』。」阮記云：「侯，閩、監俱作『教』。」盧記同。孫記云：「今《國語》無此語，蓋傳寫失奪。」檢《國語》韋昭注，如孫詒讓所言，確無孔《疏》所引文字。閩本改「侯」為「教」，或是因下經文出「文教」「武衛」。案文義，單疏本等作「侯」或不誤，「文」即文教，「武」即武衛，「侯」即侯圻也，「衛」即衛圻也。所謂「以文武侯衛為安」，即以文教行之侯圻，以武衛奮於衛圻。至於蒙古本作「侯」，此卷為抄配之本，抄配者非據蒙古本原本，其所據當是閩本，故與閩本同誤。

78. 頁三十二左　稅微差簡

按：「微」，單疏本、八行本、八行乙本、足利本、九行本、蒙古本（抄）、關西本、十行本（元）、靜嘉堂本（元）、劉本（元）、永樂本、閩本同，《要義》所引亦同；明監本作「徵」，毛本同。阮記引文「稅徵差簡」，云：「徵，十行、

閩本俱誤作『微』。」盧記引文「稅微差簡」，云：「毛本『微』作『徵』。案：『徵』字是也。」孫記云：「微，疑不誤，毛改不足據。」案文義，上疏文云甸、侯、綏、要四服，有什一之稅，三日之役；但二百里者蔡者，相較於甸、侯、綏、要，稅少，役簡；而荒服則稅、役皆無。蓋言稅役之不同也。「微」當作「少」字解，作「微」是。阮記所考有誤。

79. 三十三右　至減太半

按：「太」，單疏本、八行本、八行乙本、足利本、九行本、關西本、十行本（元）、靜嘉堂本（元）同；蒙古本（抄）作「大」，劉本（嘉靖）、永樂本、閩本、明監本、毛本同。阮記引文「至減大半」，云：「大，十行本作『太』非。」盧記引文「至減太半」，云：「毛本『太』作『大』。『太』字非也。」孫記云：「『太』不誤，毛刻非。《詩・殷武》疏引王肅《禹貢注》亦作『太半』。」案「太半」即過半也，不誤。劉本此葉為嘉靖補板，補板時誤「太」作「大」，閩本、明監本、毛本遞承此誤。

80. 頁三十三右　使各有寰宇

按：「寰」，單疏本、八行本、八行乙本、足利本、九行本、蒙古本（抄）、關西本、十行本（元）、靜嘉堂本（元）、劉本（嘉靖）、永樂本、閩本、明監本、毛本皆同。《正字》云：「寰字，《國語》作『寧宇』。案：《詩・頌・殷武》正義亦作『寰』，當是古本如此。」阮記云：「浦鏜云：寰，《國語》作『寧』。按：《詩・頌殷武》正義亦作『寰』。當舊本作『寰』字也。」盧記同。檢清道光黃氏士禮居影宋本《國語・周語》云「使各有寧宇」，韋昭注曰：「寧安宇居也。」則《國語》傳世之本與孔穎達疏文所引之本不同。今仍以「寰」為是，不改孔《疏》之文。

81. 頁三十三右　別有九里

按：「里」，蒙古本（抄）、十行本（元）、靜嘉堂本（元）、劉本（嘉靖）、永樂本、閩本同；單疏本作「服」，八行本、八行乙本、足利本、九行本、關西本、明監本、毛本同。阮記引文「別有九服」，云：「服，十行、閩本俱誤作『里』。」盧記引文「別有九里」，云：「毛本『里』作『服』。案：『服』字是也。閩本亦誤。」《周禮》王畿之外有九服，作「服」是，作「里」顯誤。

82. 頁三十四右　正義曰義曰考工記

　　按：「義曰」，十行本（元）、靜嘉堂本（元）、劉本（元）同；單疏本無「義曰」二字，八行本、八行乙本、足利本、九行本、蒙古本（抄）、關西本、永樂本、閩本、明監本、毛本同。阮記云：「『曰』下，十行本衍『義曰』二字。」盧記云：「案：『義曰』二字複衍。」十行本「義曰」二字顯為衍文，閩本刪「義曰」二字是。

卷 七

1. 頁一右　夏啟嗣禹位

按：「位」，九行本、關西本、十行本（元）、靜嘉堂本（元）、劉本（元）、永樂本、閩本、明監本、毛本、李本、王本、監圖本、岳本同；八行本作「立」，八行乙本、足利本、蒙古本同。《考文》云：「〔古本〕『位』作『立』，宋板同。」《正字》云：「『立』誤『位』。」阮記云：「位，古本、宋板俱作『立』，與《疏》同。」盧記同。諸本疏文出「故云夏啟嗣禹立」，與八行本等《傳》文相合。檢唐人所寫九條本亦作「立」。作「立」無疑。

2. 頁一右　故伐之

按：「故」，單疏本、八行本、八行乙本、足利本、九行本、蒙古本、關西本、十行本（元）、靜嘉堂本（元）、劉本（元）、永樂本、閩本、明監本、毛本皆同。《正字》云：「『啟』誤『故』。」阮記云：「浦鏜云：『啟』誤『故』。」盧記同。浦鏜云「誤」當為「啟」，乃是據《史記・夏本紀》，而孔穎達疏文或本即引作「故」，不可輕改。

3. 頁一左　明堂云所謂

按：「云」，關西本、十行本（元）、靜嘉堂本（元）、劉本（元）、永樂本、閩本、明監本、毛本同；單疏本作「位」，八行本、八行乙本、足利本、九行本、蒙古本同。《考文》云：「宋板『云』作『位』。」《正字》云：「『位』誤『云』。」阮記云：「云，宋板作『位』是也。」盧記云：「毛本同。宋本

『云』作『位』。案:『位』字是也。」案「所謂」之下所引乃《禮記・明堂位》文,作「位」是。

4. 頁一左　未知何故改也

按:「故」,十行本(元)、靜嘉堂本(元)、劉本(元)、永樂本、閩本、明監本同;單疏本作「時」,八行本、八行乙本、足利本、九行本、蒙古本、關西本、毛本同,《要義》所引亦同。《正字》云:「時,監本誤『故』。」阮記引文「未知何時改也」,云:「時,十行、閩、監俱誤作『故』。」盧記引文「未知何故改也」,云:「閩本、明監本同。毛本『故』作『時』。案:『時』字是也。」案文義,《漢書・地理志》所載鄠縣,即古扈國之地,「扈」「鄠」音同,已言明原因,只是不知何時改「扈」為「鄠」。綜上,作「時」是。

5. 頁一左　怠棄三正

按:「棄」,八行本、八行乙本、足利本、九行本、蒙古本、關西本、十行本(元)、靜嘉堂本(元)、劉本(元)、永樂本、閩本、明監本、毛本、李本、王本、監圖本、岳本、白文本同;唐石經作「弃」。阮記云:「棄,唐石經作『弃』,後竝同。」盧記同。案「棄」字有「世」,唐石經作「弃」是避「世」字諱。

6. 頁二右　絕之也

按:「絕之」,十行本(元)、靜嘉堂本(元)、劉本(元)、永樂本、閩本同;八行本作「攻治」,八行乙本、足利本、九行本、蒙古本、關西本、明監本、毛本、李本、王本、監圖本、岳本同。阮記引文「攻治也」,云:「十行、閩、葛俱誤作『絕之也』。」盧記引文「絕之也」,云:「閩本、葛本同。岳本、毛本『絕之』作『攻治』。」案「攻,治也」,是以「治」釋「攻」也,作「攻治」是。十行本等作「絕之」誤。

7. 頁二左　傳五行至亂帝

按:「帝」,十行本(元)、靜嘉堂本(元)、劉本(元)、永樂本同;單疏本作「常」,八行本、八行乙本、足利本、九行本、蒙古本、關西本、閩本、明監本、毛本同。阮記引文「傳五行至亂常」,云:「常,十行本誤作

『帝』。」盧記引文「傳五行至亂帝」，云：「案：『帝』當作『常』，形近之誤，《傳》文可證。」案《傳》文出「言亂常」，則疏文作「常」是。阮記所考是。

8. 頁四左　樂如字

按：「如字」，十行本（元）、靜嘉堂本（元）、劉本（元）、永樂本、閩本、明監本同；九行本作「音洛」，蒙古本、關西本、毛本、王本、監圖本、岳本同。《正字》云：「音洛，監本誤『如字』。」阮記引文「樂」，云「音洛。○十行本作『樂如字』，誤。」檢《釋文》作「音洛」，則十行本等作「如字」誤。

9. 頁五右　一出十旬不反

按：「十」，九行本、蒙古本、關西本、十行本（元）、靜嘉堂本（元）、劉本（元）、永樂本、閩本、明監本、毛本同；單疏本「十」上有「而」字，八行本、八行乙本、足利本同。《考文》云：「宋板『十』上有『而』字。」阮記云：「『十』上宋板有『而』字。」盧記同。此處當從單疏本、八行本等有「而」字為是。九行本、蒙古本、十行本皆刊漏「而」字，頗疑南宋建陽坊間所刻宋十行本即已闕「而」字。

10. 頁五右　其弟待母以從太康

按：「待」，十行本（元）、靜嘉堂本（元）、劉本（元）同；單疏本作「侍」，八行本、八行乙本、足利本、九行本、蒙古本、關西本、永樂本、閩本、明監本、毛本同。阮記引文「其弟侍母以從太康」，云：「侍，十行本亦誤作『待』。」案單疏本下疏文云「其弟侍母以從太康」，則此處亦當作「侍」。

11. 頁五左　言雖不經以取信

按：「以」，單疏本、八行本、八行乙本、足利本、九行本、蒙古本、關西本、十行本（元）、靜嘉堂本（元）、劉本（元）、永樂本、閩本、明監本、毛本皆同，《要義》所引亦同。阮記云：「浦鏜云：『以』字上當有『難』字。』」案阮本《論語注疏》卷十四疏文出「言雖不經，難以取信」，此處邢昺疏文當是抄引孔穎達《尚書正義》，而《尚書正義》傳世單疏本、注疏本皆漏去「難」

字。綜上，有「難」字為宜，浦說應是。

12. 頁七右　相去不盈二百

按：「百」，單疏本、八行本、八行乙本、足利本、九行本、蒙古本、關西本、十行本（元）、靜嘉堂本（元）、劉本（元）、永樂本、閩本、明監本、毛本皆同，《要義》所引亦同。阮記云：「纂傳下有『里』字。」傳世諸本皆無「里」字，然按文義，以有「里」字為宜。存之待考。

13. 頁七左　則止稱之物

按：「止」，單疏本、八行本、八行乙本、足利本、九行本、蒙古本、關西本、十行本（元）、靜嘉堂本（元）、劉本（元）、永樂本、閩本同，《要義》所引亦同；明監本作「所」，毛本同。《考文・補遺》引文「所稱之物」，云：「〔宋板〕『所』作『止』。」阮記引文「則所稱之物」，云：「所，宋板、十行、閩本俱作『止』。」盧記引文「則止稱之物」，云：「宋本、閩本同。毛本『止』作『所』。案：『所』字是也。」案下疏文云「衡石所稱之物」，據之，則此處疏文或作「所」為是。

14. 頁七左　則官民皆定

按：「定」，九行本、關西本、十行本（元）、靜嘉堂本（元）、劉本（元）、永樂本同；單疏本作「足」，八行本、八行乙本、足利本、蒙古本、閩本、明監本、毛本同，《要義》所引亦同。阮記引文「則官民皆足」，云：「足，十行本誤作『定』。」盧記引文「則官民皆定」，云：「閩本、明監本、毛本『定』作『足』。案：『足』字是也。」案文義，上疏云「民既足用，則官亦富饒」，則是官民皆足也。作「足」是。

15. 頁八右　天下姓皆共仇

按：「姓」，十行本（元）、靜嘉堂本（元）、劉本（元）、永樂本同；單疏本「姓」上有「萬」字，八行本、八行乙本、足利本、九行本、蒙古本、關西本、閩本、明監本、毛本同。阮記云：「十行本脫『萬』字。」盧記云：「閩本、明監本、毛本『姓』上有『萬』字。案：有者是。」單疏本、八行本等皆有「萬」字，十行本刊漏「萬」字。

16. 頁九右　掌王六師為大司馬

　　按：「王」，蒙古本、十行本（元）、靜嘉堂本（元）、劉本（元）、永樂本、閩本、明監本、毛本、王本、監圖本同；八行本作「主」，八行乙本、足利本、九行本、關西本、李本、岳本同。《考文》云：「〔古本〕作『掌，主也，主六師為大司馬也』。宋板但『王』作『主』。」阮記云：「王，岳本、宋板俱作『主』。古本作『掌，主也，主六師為大司馬也』。按：當從之。纂傳亦作『掌王六師』，則其誤久矣。」盧記同。今以為，蒙古本、十行本「王」當為「主」字之訛。至於傳世刊本與古本之差別，當以古本為正。若傳世刊本《傳》文「掌主六師為大司馬」一句無「掌」字，作「主六師為大司馬」，其訓經文「掌六師」，即直接以「主」訓「掌」，似亦可通。然《傳》文有「掌」字，「掌主」二字似不可連文，「主」字又必屬下讀，則傳世刊本「掌主」之間必有闕字。檢敦煌殘卷伯二五三三號、九條本作「掌，主，〻六師為大司馬也」，而敦煌殘卷伯三七五二號作「掌，主六師為大司馬」。以上三種寫本皆為唐人寫本，抄寫時常有疊字符號「〻」「〻」等，推測敦煌殘卷伯三七五二號在根據其它寫本抄寫時，漏去了疊字符號。五代、北宋監本據唐人寫本校刊而來，其所據之本亦或是類似敦煌殘卷伯三七五二號抄漏疊字符號之本，故宋代八行本以下皆有闕字。今當從敦煌殘卷伯二五三三號、九條本，於「掌主」二字之間另補一「主」字，作「掌，主。主六師為大司馬」，是孔《傳》以「主」訓「掌」，再以「主六師為大司馬」釋經文「掌六師」。

17. 頁九右　而立其弟仲康為太子

　　按：「太」，九行本、蒙古本、十行本（元）、靜嘉堂本（元）、劉本（元）、永樂本、閩本、明監本、毛本同；單疏本作「天」，八行本、足利本、關西本同，《要義》所引亦同。《考文》云：「〔宋板〕『太』作『天』。」《正字》云：「『天』誤『太』。」阮記云：「太，宋板作『天』，與《注》合。」盧記同。案《傳》文作「天」，疏文亦當作「天」，阮記所考是。九行本、蒙古本、十行本皆誤作「太」，頗疑南宋建陽所刻宋十行本即誤作「太」。

18. 頁十左　百工之職

　　按：「職」，九行本、蒙古本、關西本、十行本（元）、靜嘉堂本（元）、劉本（元）、永樂本、閩本、明監本、毛本同；單疏本作「賤」，八行本、八行乙

本、足利本同。《考文》云：「〔宋板〕『職』作『賤』。」阮記云：「職，宋板作『賤』。按：『職』字非也。」盧記同。案文義，百工低賤，尚且令其進諫，則百工以上者不得不進諫也。作「賤」是。

19. 頁十一右　先天時者殺無殺

按：「殺」，九行本、關西本、十行本（元）、靜嘉堂本（元）、劉本（元）同；單疏本作「赦」，八行本、八行乙本、足利本、蒙古本、永樂本、閩本、明監本、毛本同。盧記云：「閩本、明監本、毛本下『殺』字作『赦』。案：『赦』字是也。」案經文云「先時者殺無赦」，則疏文當作「赦」，盧記言是。

20. 頁十一左　是日月可知也

按：「月」，單疏本、八行本、八行乙本、足利本、九行本、蒙古本、關西本、十行本（元）、靜嘉堂本（元）、劉本（元）、永樂本、閩本同；明監本作「食」，毛本同。《考文·補遺》引文「日食可知也」，云：「宋板『食』作『月』。」阮記引文「是日食可知也」，云：「食，宋板、十行、閩本俱作『月』。」盧記引文「則是日月可知也」，云：「宋本、閩本同。毛本『月』作『食』。」今案《傳》文云「不合，即日食可知」，疏文作「言日月不合於舍，則是日食可知也」是釋《傳》文也。作「食」是。單疏本已誤作「月」，八行本等並承其誤。明監本改閩本「月」作「食」，是也。

21. 頁十二右　君南嚮北墉下

按：「墉」，單疏本、八行本、八行乙本、足利本、九行本、蒙古本、關西本、十行本（元）、靜嘉堂本（元）、劉本（元）同，《要義》所引亦同；永樂本作「牖」；閩本作「牗」，明監本、毛本同。《正字》云：「『墉』誤『牗』。」阮記引文「君南嚮北牗下」，云：「牗，十行本作『墉』。按：『北牗』之『牗』，諸經《正義》多誤作『墉』，或又誤作『牖』。」盧記引文「君南嚮北墉下」，云：「毛本『墉』作『牗』。按：『北牗』之『牗』，諸經《正義》多誤作『墉』，或又誤作『牖』。」孫記云：「《郊特牲》原文作『墉』，此誤校。」檢南宋撫州公使庫本《禮記》卷八《郊特牲》原文作「君南鄉於北墉」，則作「墉」是。孫記所言是，阮記言誤。

22. 頁十三左　釋山云山脊曰岡

　　按：「曰」，九行本、蒙古本、關西本、十行本（元）、靜嘉堂本（元）、劉本（元、嘉靖）、永樂本、閩本、明監本、毛本同；單疏本無「曰」字，八行本、八行乙本、足利本同。《考文》云：「〔宋板〕無『曰』字。謹按：為是。」阮記云：「宋板無『曰』字。山井鼎曰：無『曰』字為是。」盧記同。檢《四部叢刊》影宋本《爾雅》卷中《釋山》云：「山脊岡。」則當從單疏本、八行本以無「曰」字為是。

23. 頁十四右　或呲睢而害良善

　　按：「呲睢」，九行本、蒙古本、關西本、十行本（元）、靜嘉堂本（元）、劉本（元）、永樂本、閩本、明監本、毛本同；單疏本作「睢呲」，八行本、八行乙本、足利本同。《考文》云：「〔宋板〕作『呲睢』作『睢呲』。」阮記云：「『呲睢』二字，宋板倒。按：宋板是也。」此處顯當從單疏本、八行本等作「睢呲」為是，阮記所言是。

卷　八

1. 頁一右　伊尹以夏政醜惡

按：「醜」，單疏本、八行本、八行乙本、足利本、蒙古本、關西本、十行本（元）、靜嘉堂本（元）、劉本（元）、永樂本、閩本、明監本同；九行本作「配」，毛本同。《正字》云：「醜，毛本誤『配』。」阮記引文「伊尹以夏政配惡」，云：「配，十行、閩、監俱作『醜』，是也。」盧記引文「伊尹以夏政醜惡」，云：「閩本、明監本同。毛本『醜』作『配』，誤。」案下疏文云「上云伊尹醜夏」，則此處作「醜」是。九行本、毛本作「配」誤。

2. 頁二右　戒誓湯士眾

按：「湯」，九行本、蒙古本、關西本、十行本（元）、靜嘉堂本（元）、劉本（元）、永樂本、閩本、明監本、毛本、監圖本同；八行本作「其」，八行乙本、足利本、李本、王本、岳本同。《考文》引文「戒誓湯士眾」，云：「〔古本〕『湯』作『其』，宋板同。」阮記云：「湯，古本、岳本、宋板俱作『其』。纂傳亦作『湯』。」盧記同。檢九條本作「其」，與八行本、足利本、李本、王本、岳本相合，作「其」是。按監圖本作「湯」，九行本、蒙古本、關西本皆作「湯」，推斷南宋坊間有作「湯」之經注附釋文本，後成為部分注疏合刻本的底本之一。

3. 頁二右　而割正夏

按：「夏」，八行本、八行乙本、足利本、九行本、蒙古本、關西本、十

行本（元）、靜嘉堂本（元）、劉本（元）、永樂本、閩本、明監本、毛本、李本、王本、監圖本、岳本、唐石經、白文本皆同。阮記云：「按：段玉裁云：孔《傳》『正，政也。言奪民農功而為割剝之政。』按《傳》不言『於夏邑』，則各本『夏』字臆也。《正義》云『為割剝之政於夏邑』，增此三字，以暢經意耳。《史記・殷本紀》云：舍我嗇事而割政。裴駰引孔安國曰：奪民農功而為割剝之政。蓋今古文《尚書》皆無『夏』字，後人據《正義》妄增之，非也。」盧記同。檢南宋黃善夫刻三家注本《史記・殷本紀》引作「舍我嗇事而割政」，確無「夏」字。然檢唐人所寫九條本有「夏」，與唐石經等皆同。《傳》文未必盡釋經文，仍不可輕據《史記》及孔《傳》刪「夏」字。

4. 頁二右　正改也

按：「改」，十行本（元）、靜嘉堂本（元）、劉本（元）、永樂本同；八行本作「政」，八行乙本、足利本、九行本、蒙古本、關西本、閩本、明監本、毛本、李本、王本、監圖本、岳本同。阮記引文「正政也」，云：「政，十行、葛本誤作『改』。按：閩本初亦作『改』，後改作『政』。」盧記引文「正改也」，云：「葛本同。閩本初作『改』，後改作『政』。案：『政』字是也。」案下《傳》文出「割剝之政」，則此處作「政」是。「政」釋經文「正」也。

5. 頁二左　不敢不正桀罪誅之

按：「桀罪」，八行本、八行乙本、足利本、九行本、蒙古本、關西本、十行本（元）、靜嘉堂本（元）、劉本（元）、永樂本、閩本、明監本、毛本、李本、王本、監圖本、岳本皆同。阮記云：「按：《史記集解》引此『桀』下有『之』字，『罪』下有『而』字，文義較明。」盧記同。南宋黃善夫刻三家注本《史記》，裴氏《集解》引作「不敢不正桀之罪而誅之」，疏文出「不敢不正桀罪而誅之」，「罪」下皆有「而」字。然檢唐人所寫九條本作「不敢不正桀罪誅之也」，「桀」下無「之」字，「罪」下無「而」字，故今仍不可據輕易補入「之」「而」二字。

6. 頁二左　予則孥戮汝

按：「戮」，八行本、八行乙本、足利本、九行本、蒙古本、關西本、十行

本（元）、靜嘉堂本（元）、劉本（元）、永樂本、閩本、明監本、毛本、李本、王本、監圖本、岳本、唐石經、白文本皆同。阮記云：「按：《匡謬正俗》引此句『戮』作『勠』。蓋亦《古文尚書》也。」盧記同。檢唐人所寫九條本作「勠」，亦是「戮」字之古字。顏師古《匡謬正俗》所引之本以及九條本，皆為衛包改今文前之本也。

7. 頁三右　君其可喪

按：「君」，蒙古本、關西本、十行本（元）、靜嘉堂本（元）、劉本（元）、永樂本、閩本、明監本同；單疏本作「若」，八行本、八行乙本、足利本、九行本、毛本同。《正字》云：「若，監本誤『君』。」盧記云：「閩本、明監本同。毛本『君』作『若』。案：『若』字是也。」案文義，上云是日何時能喪，則此處云若此日可喪，則我與此日皆亡。作「若」字是。

8. 頁三左　再言所以積桀之非也

按：「非」，十行本（元）、靜嘉堂本（元）、劉本（元）、永樂本、閩本同；單疏本作「罪」，八行本、八行乙本、足利本、九行本、蒙古本、關西本、明監本、毛本同。阮記引文「再言所以積桀之罪也」，云：「罪，十行、閩本俱作『非』。」盧記引文「再言所以積桀之非也」，云：「閩本同。毛本『非』作『罪』。」上疏文云「汝言桀之罪」，則此處疏文當作「罪」是。

9. 頁四右　所以比於日者

按：「比」，十行本（元）、靜嘉堂本（元）、劉本（元）、永樂本、閩本、明監本、毛本同；單疏本「比」下有「桀」字，八行本、八行乙本、足利本、九行本、蒙古本、關西本同。《考文·補遺》云：「〔宋板〕『比』下有『桀』字。」阮記云：「『比』下宋板有『桀』字，是也。」盧記云：「閩本、明監本、毛本同。宋本『比』下有『桀』字。案：有者是也。」案上疏文云「比桀於日曰」，故此處云「所以比桀於日者」。有「桀」字是。

10. 頁五右　然而旱乾水益

按：「益」，十行本（元）、靜嘉堂本（元）、劉本（元）、永樂本同；單疏本作「溢」，八行本、八行乙本、足利本、九行本、蒙古本、關西本、閩本、

明監本、毛本同,《要義》所引亦同。阮記引文「然而旱乾水溢」,云:「溢,十行本作『益』。按:閩本初亦作『益』,後加水。」盧記引文「然而旱乾水益」,云:「閩本『益』初作『溢』,然後加水。毛本作『溢』。」檢《四部叢刊》影宋刊大字本《孟子》作「溢」,則作「溢」是。

11. 頁五右　故更致社稷

按:「致」,單疏本、八行本、八行乙本、足利本、九行本、蒙古本、十行本(元)、靜嘉堂本(元)、劉本(元)、永樂本同,《要義》所引亦同;關西本作「置」,閩本、明監本、毛本同。《考文》引文「故更置社稷」,云:「〔宋板〕『置』作『致』。」阮記引文「故更置社稷」,云:「置,宋板、十行俱作『致』。盧文弨云:可通用。」盧記引文「故更致社稷」,云:「宋本同。毛本『致』作『置』。盧文弨云可通用。」案《傳》文出「變置社稷」,上疏文云「革命創制,變置社稷」,則此處作「置」為宜。

12. 頁五右　從謂遂討之

按:「遂」,九行本、蒙古本、關西本、十行本(元)、靜嘉堂本(元)、劉本(元)、永樂本、閩本、明監本、毛本、監圖本同;八行本作「逐」,八行乙本、足利本、李本、岳本同,《要義》所引亦同;王本漫漶。《考文》云:「〔古本〕『遂』作『逐』,宋板同。」阮記云:「遂,古本、岳本、宋本『遂』作『逐』。纂傳亦作『遂』。《岳本攷證》云:『逐』字正釋『從』字之義,即《春秋左氏傳》晉師從齊師意也。」盧記同。檢唐人所寫九條本作「逐」,與八行本等相合,作「逐」是。蓋宋代監本經注作「逐」,八行本等承之。而坊間所刻之本有作「遂」者,如監圖本,則九行本、蒙古本、關西本承之。

13. 頁六右　使錄其言

按:「使」,九行本、關西本、十行本(元)、靜嘉堂本(元)、劉本(元)、永樂本、閩本同;單疏本作「史」,八行本、八行乙本、足利本、明監本、毛本同;蒙古本先刻作「使」,後剜作「史」。阮記引文「史錄其言」,云「史,十行、閩本俱誤作『使』。」盧記引文「使錄其言」,云:「閩本、明監本、毛本『使』作『史』。案:『史』字是也。」案文義,仲虺作誥以誥湯,古者左史記言,即史官錄其言也。作「史」是,阮記言是。

14. 頁六右　自簡賢輔勢

按：「輔」，單疏本、八行本、八行乙本、足利本、九行本、蒙古本、關西本、十行本（元）、靜嘉堂本（元）、劉本（元）、永樂本同；閩本作「附」，明監本、毛本同。阮記引文「自簡賢附勢」，云：「附，十行本誤作『輔』。」盧記引文「自簡賢輔勢」，云：「閩本、明監本、毛本『輔』作『附』。案：『附』字是也。」案下經文云「簡賢附勢」，則此處疏文作「附」是。明監本所改是也。

15. 頁六右　一字足以為文

按：「一」，靜嘉堂本（元）、劉本（元）、永樂本、閩本、明監本同；單疏本作「二」，八行本、八行乙本、足利本、九行本、蒙古本、關西本、十行本（元）、毛本同。《正字》云：「二，監本誤『一』。」阮記引文「二字足以為文」，云：「二，十行、閩、監俱作『一』。」盧記引文「一字足以為文」，云：「閩本、明監本同。毛本『一』作『二』。」案下文云「仲虺誥三字」，則「康誥」「召誥」是為二字也。作「二」是。十行本作「二」原不誤，靜嘉堂本、劉本此葉雖為元刻版葉，然刻板「二」字歲久有脫落，遂印作「一」字。

16. 頁六左　謂於會之所

按：「會」，單疏本、八行本、八行乙本、足利本、九行本、蒙古本、關西本、十行本（元）、靜嘉堂本（元）、劉本（元）、永樂本、閩本、明監本、毛本皆同。《正字》云：「『會』下疑脫『同』字。」阮記云：「浦鏜云：『會』下當脫『同』字。」盧記同。孔穎達《尚書正義》原文「會」下是否有「同」字，存之待考。

17. 頁七右　肇我邦予有夏

按：「予」，十行本（元）、靜嘉堂本（元）、劉本（元）、永樂本同；八行本作「于」，八行乙本、足利本、九行本、蒙古本、關西本、閩本、明監本、毛本、李本、王本、監圖本、岳本、唐石經、白文本同。阮記引文「肇我邦于有夏」，云：「于，十行本誤作『予』。」盧記引文「肇我邦予有夏」，云：「各本『予』作『于』。案：『予』字誤也。」孔《傳》既云「肇我商家，國於夏世」，則經文當作「于」。十行本作「予」誤，閩本改「予」作「于」是。

18. 頁七左　恐其非罪見減

　　按：「其」，八行本、八行乙本、足利本、九行本、蒙古本、關西本、十行本（元）、靜嘉堂本（元）、劉本（元）、永樂本、閩本、明監本、毛本、李本、監圖本、岳本同；王本漫漶。《考文》云：「〔古本〕『其』作『以』。」阮記云：「其，古本作『以』。」檢唐人所寫九條本作「以」，內野本亦作「以」。今案「㠯」為「以」之古字，「㠯非」二字相連，與「其非」形近，或因此產生作「其」字之寫本。今以為作「以」字更勝。

19. 頁七左　自然理

　　按：「然理」，八行本、八行乙本、足利本、九行本、蒙古本、關西本、十行本（元）、靜嘉堂本（元）、劉本（元）、永樂本、閩本、明監本、毛本、李本、王本、監圖本、岳本皆同。《考文·補遺》云：「古本作『自然之理也』。」阮記引文「自然理」，云：「古本作『自然之理也』。」檢唐人所寫九條本作「自然理也」，內野本作「自然之理也」。唐人寫本亦有無「之」字者。不可盡據古本增減虛詞。

20. 頁七左　惟王不邇聲色

　　按：「不」，八行本、八行乙本、足利本、九行本、蒙古本、關西本、十行本（元）、靜嘉堂本（元）、劉本（元）、永樂本、閩本、明監本、毛本、李本、王本、監圖本、岳本、唐石經、白文本皆同。阮記云：「按篇題疏引此句『不』作『弗』，與古本合。」檢唐人所寫九條本以及內野本作「弗」。然今以為尚不可據寫本改「不」作「弗」。

21. 頁八右　日徯予后后其來蘇

　　按：「予」，八行本、八行乙本、足利本、九行本、蒙古本、關西本、十行本（元）、靜嘉堂本（元）、劉本（元）同、永樂本、閩本、明監本、毛本、李本、王本、監圖本、岳本、唐石經、白文本皆同。阮記云：「予，古本作『我』。」《考文》云：「〔古本〕『予』作『我』。」盧記同。檢唐人所寫九條本作「予」，內野本作「我」，「我」字旁有批校「予扌」。蓋寫本有作「予」者，亦有作「我」者。今案《傳》文云「待我君來，其可蘇息」，是孔安國以「待」釋「徯」，以「我」釋「予」，以「君」釋「后」。據此，疑經文作「予」為勝。

22. 頁十右　皇天上帝

按：「天」，九行本、蒙古本、十行本（元）、靜嘉堂本（元）、劉本（元）、永樂本、閩本、王本、監圖本同；八行本作「大」，八行乙本、足利本、明監本、毛本、李本、岳本同；關西本此字壞爛，難以斷定是「天」或是「大」。阮記引文「皇大」，云：「大，十行、閩、葛俱作『天』。」盧記引文「皇天」，云：「閩本、葛本同。毛本『天』作『大』。」孔《傳》是以「大」釋經文「皇」也，作「大」是。

23. 頁十右　則惟為君之道

按：「惟」，八行本、八行乙本、足利本、九行本、蒙古本、關西本、十行本（元）、靜嘉堂本（元）、劉本（元）、永樂本、閩本、明監本、毛本、李本、王本、監圖本、岳本皆同。阮記云：「按：前疏引此句『惟』作『是』。」盧記同。《傳》文此處「惟」字即「是」字之意，又內野本作「惟」，《傳》文仍當作「惟」為宜。

24. 頁十右　夏王滅德作威

按：「威」，八行本、八行乙本、足利本、九行本、蒙古本、關西本、十行本（元）、靜嘉堂本（元）、劉本（元）、永樂本、閩本、明監本、毛本、李本、王本、監圖本、岳本、唐石經、白文本皆同。《考文》云：「〔古本〕『威』作『畏』。下『天命明威』同。」阮記云：「威，古本作『畏』，下『明威』同。」盧記同。檢內野本作「畏」，古「畏」「威」通。

25. 頁十右　羅其凶害

按：「害」，八行本、八行乙本、足利本、九行本、蒙古本、關西本、十行本（元）、靜嘉堂本（元）、劉本（元）、永樂本、閩本、明監本、毛本、李本、王本、監圖本、岳本、唐石經、白文本皆同。《考文》云：「〔古本〕『害』作『虐』。」阮記云：「陸氏曰：羅，力之反，本亦作羅，洛何反。害，古本作『虐』。」盧記同。檢內野本作「虐」，《傳》文亦出「不能堪忍虐之甚」，存之待考。

26. 頁十左　肆台小子將天命明威

按：「威」，八行本、八行乙本、足利本、九行本、蒙古本、關西本、十行本（元）、靜嘉堂本（元）、永樂本、閩本、明監本、毛本、李本、王本、監圖本、岳本、唐石經、白文本皆同。檢內野本作「畏」，古「畏」「威」通。

27. 頁十一左　言伐桀之事未知得罪于天地言伐桀之事未知得罪于天地

按：「地」，十行本（元）、靜嘉堂本（元）、劉本（元）、永樂本同；單疏本「地」下無「言伐桀之事未知得罪于天地」，八行本、八行乙本、足利本、九行本、蒙古本、關西本、閩本、明監本、毛本同無。阮記云：「此句上，十行本衍『言伐桀之事，未知得罪于天地』兩句。」十行本「地」下衍「言伐桀之事未知得罪于天地」十二字。

28. 頁十一左　凡我造邦無從匪彝無即慆淫

按：兩「無」，八行本、八行乙本、足利本、九行本、蒙古本、關西本、十行本（元）、靜嘉堂本（元）、劉本（元）、永樂本、閩本、明監本、毛本、李本、王本、監圖本、岳本、唐石經、白文本皆同。《考文》云：「〔古本〕『無』作『亡』。下『無以爾萬方』同。」阮記云：「兩『無』字，古本俱作『亡』，下『無以爾萬方』同。」檢內野本作「亡」，與「無」通。

29. 頁十二左　於是乃立太丁之弟外丙三年崩

按：「三」，單疏本、八行本、八行乙本、足利本、九行本、蒙古本、關西本、十行本（元）、靜嘉堂本（元）、劉本（元）、永樂本、閩本、明監本、毛本皆同，《要義》所引亦同。阮記云：「三，纂傳是『二』。按：諸本俱作『三』，與《史記·殷本紀》合。纂傳蓋據《孟子》改之。」檢南宋黃善夫刻三家注本《史記·殷本紀》云「帝外丙即位三年崩」，檢《四部叢刊》影宋大字本《孟子·萬章》云「立外丙二年」。然上疏文云「殷本紀云」，知孔穎達疏文引《史記》之文，作「三」為宜。

30. 頁十三右　是特設祀也

按：「祀」，單疏本、八行本、八行乙本、足利本、九行本、蒙古本、關西

本、十行本（元）、靜嘉堂本（元）、劉本（元）、永樂本、閩本、明監本同，《要義》所引亦同；毛本作「祠」。阮記引文「是特設祠也」，云：「祠，十行、閩、監俱作『祀』，下『特設祠禮』同。」案經傳，經文「祠」字作「奠」字解。此處疏文「祀」及下「祀禮」，仍當從單疏本作「祀」為宜。

31. 頁十三右　特設祀禮

按：「祀」，單疏本、八行本、八行乙本、足利本、九行本、蒙古本、關西本、十行本（元）、靜嘉堂本（元）、劉本（元）、永樂本、閩本、明監本同，《要義》所引亦同；毛本作「祠」。案單疏本疏文數出「祀禮」，而無「祠禮」二字連文者，當以作「祀」為宜。

32. 頁十四左　終治四海

按：「治」，九行本、蒙古本、十行本（元）、靜嘉堂本（元）、劉本（元）、永樂本同；八行本作「洽」，八行乙本、足利本、閩本、明監本、毛本、李本、王本、岳本同；關西本刊漏一字。阮記引文「終洽四海」，云：「毛氏曰：『洽』作『合』，誤。○按：洽，葛本、十行本俱誤作『治』。《疏》『乃洽于四海』，十行本亦誤作『治』。」盧記引文「終治四海」，云：「葛本同。各本『治』作『洽』。案：『洽』字是也，《疏》『乃治于四海』同。」案單疏本疏文云「乃洽於四海」，若《傳》文作「治」，則疏文文義不通。立敬愛，推親以及物，始則行於家國，終遍於四海。

33. 頁十四左　乃治於四海

按：「治」，蒙古本、十行本（元）、靜嘉堂本（元）、劉本（元）、永樂本、監圖本同；單疏本作「洽」，八行本、八行乙本、足利本、九行本、關西本、閩本、明監本、毛本同。此處疏文當以「洽」為是，謂推敬愛最終遍於四海，作「洽」是。

34. 頁十四左　今緣親以及疏

按：「今」，九行本、蒙古本、關西本、十行本（元）、靜嘉堂本（元）、劉本（元）、永樂本同；單疏本作「令」，八行本、八行乙本、足利本、閩本、明監本、毛本同。阮記引文「令緣親以及疏」，云：「令，十行本誤作『今』。」盧

記引文「今緣親以及疏」，云：「閩本、明監本、毛本『今』作『令』。」案文義，「令」作「使」字解，敬愛並始於親，使敬愛自親及疏。單疏本等作「令」是。

35. 頁十五右　敢有殉于貨色

按：「殉」，八行本、八行乙本、足利本、九行本、蒙古本、關西本、十行本（元）、靜嘉堂本（元）、劉本（元）、永樂本、閩本、明監本、毛本、李本、王本、監圖本、岳本、唐石經、白文本皆同。阮記云：「按：《一切經音義》卷一云：《尚書》『狥于貨色』，注云：狥，干求也。凡元應所引《尚書注》不出姓名者皆孔《傳》也，其經文當亦據孔本。此經『殉』字古文蓋作『狥』，今文則作『殉』，當以『狥』為正。《傳》云：殉，求也。宜改作『狥，干求也』。」案《釋文》出「殉」，又內野本作「殉」，與陸德明所據之本相合。今仍以「殉」為正。

36. 頁十五右　殉求也

按：「殉」，八行本、八行乙本、足利本、九行本、蒙古本、關西本、十行本（元）、靜嘉堂本（元）、劉本（元）同，永樂本、閩本、明監本、毛本、李本、王本、監圖本、岳本皆同。檢內野本作「殉」，與八行本等傳世刊本皆合，今仍以「殉」為是。

37. 頁十五右　昧求財貨美色

按：「昧」，八行本、八行乙本、足利本、九行本、蒙古本、十行本（元）、靜嘉堂本（元）、劉本（元）、永樂本、閩本、明監本、毛本、李本、王本同；關西本作「敢」，監圖本、岳本同。阮記云：「昧，岳本、纂傳俱作『敢』。按：『敢』字固與經相應，然《疏》云『昧求，謂貪昧以求之』，則《疏》自作『昧』。」盧記同。檢內野本作「昧」，與孔穎達疏文「昧求，謂貪昧以求之」所見之本相合。今仍以「昧」是，阮記言是。

38. 頁十五左　親此頑愚幼童

按：「此」，十行本（元）、靜嘉堂本（元）同；單疏本作「比」，八行本、八行乙本、足利本、九行本、蒙古本、關西本、永樂本、閩本、明監本、毛本同阮記引文「親比頑愚幼童」，云：「比，十行本作『此』，非也。」盧記

引文「親此頑愚幼童」，云：「閩本、明監本、毛本『此』作『比』。案：『比』字是也。」案文義，「比」作「近」字解，疏遠耆年有德者，親近頑愚幼童。作「比」是。

39. 頁十五左　但有一於身

按：「身」，單疏本、八行本、八行乙本、足利本、九行本、蒙古本、關西本、十行本（元）、靜嘉堂本（元）、劉本（元）、永樂本同；閩本「身」下有「者」字，明監本、毛本同。《考文》引文「但有一於身者」，云：「〔宋板〕無『者』字。」阮記引文「但有一於身者」，云：「宋板、十行俱無『者』字。」盧記引文「但有一於身」，云：「宋本同。各本『身』下有『者』字。」單疏本、八行本等皆無「者」字。閩本衍「者」字，明監本、毛本承其誤。

40. 頁十六左　則天下賚慶

按：「賚」，八行本、八行乙本、足利本、九行本、蒙古本、關西本、十行本（元）、靜嘉堂本（元）、劉本（元）、永樂本、閩本、明監本、毛本、李本、王本、監圖本、岳本皆同。阮記云：「按：《釋文》云：賚，力代反。是陸氏本作『賚』也。《疏》云『德雖小，猶萬邦賴慶』，是孔氏本作『賴』也，似當以『賴』為正。賴慶，謂一人有慶，兆民賴之。若作『賚慶』則費解矣。」盧記同。檢內野本作「賴」，與孔穎達疏文所見「德雖小，萬邦猶賴慶」之本相合，疑作「賴」是。

41. 頁十七右　此至放桐之時

按：「此」，八行本、八行乙本、足利本、關西本、十行本（元）、靜嘉堂本（元）、劉本（元）、永樂本、閩本、明監本同，《要義》所引亦同；單疏本作「比」，蒙古本、毛本同。阮記引文「比至放桐之時」，云：「比，十行、閩、監俱誤作『此』。」盧記引文「此至放桐之時」，云：「閩本、明監本同。毛本『此』作『比』。案：『比』字是也。」案文義，「比」字是，「比」作「待」字解。單疏本作「比」不誤，而八行本合刻注疏時誤「比」作「此」。

42. 頁十八左　丕普悲反

按：「丕」，九行本、蒙古本、關西本、明監本、毛本、王本、監圖本、

岳本同；十行本（元）作「○」，靜嘉堂本（元）、劉本（元）、永樂本、閩本同。檢阮記、盧記皆無說，阮本於「丕」下加圈，應是說明阮本的底本此處刊漏音義摘字「丕」。阮本刊刻時雖補「丕」字，但卻脫漏孔《傳》與音義之間的分隔符號「○」。

43. 頁十九右　如躲先省矢括于度釋則中

按：「省」，八行本、八行乙本、足利本、九行本、蒙古本、關西本、十行本（元）、靜嘉堂本（元）、劉本（元）、永樂本、閩本、明監本、毛本、李本、王本、監圖本、岳本皆同。檢阮記、盧記皆無說，不知阮本為何加圈於「省」字之旁。

44. 頁二十右　使此近先王

按：「此」，十行本（元）、靜嘉堂本（元）、劉本（元）、永樂本、閩本同，《要義》所引同；單疏本作「比」，八行本、八行乙本、足利本、九行本、蒙古本、關西本、明監本、毛本同。阮記引文「使比近先王」，云：「比，十行、閩本俱誤作『此』。」盧記引文「使此近先王」，云：「閩本同。明監本、毛本『此』作『比』。案：『比』字是也。」案文義，營於桐墓立宮，令太甲居之，使太甲近先王。作「比」是。

45. 頁二十二左　我承王之災無斁

按：「災」，十行本（元）、靜嘉堂本（元）、永樂本同；八行本作「美」，八行乙本、足利本、九行本、蒙古本、關西本、劉本（嘉靖）、閩本、明監本、毛本、李本、王本、監圖本、岳本同。阮記引文「則我承王之美斁」，云：「美，十行本誤作『災』。斁，古本、岳本、宋板、纂傳俱作『厭』，岳本是也，《釋文》有『厭於豔反』。」盧記引文「我承王之災無斁」，云：「各本『災』作『美』。案：『美』字是也。古本、岳本、宋本、纂傳『斁』作『厭』。《釋文》有『厭於豔反』。」檢內野本作「美」，又案文義，太甲念祖商湯之德，是承其美也。作「美」是。

46. 頁二十三左　言湯推是終始所與之難

按：「推」，十行本（元）、靜嘉堂本（元）、永樂本同；八行本作「惟」，

八行乙本、足利本、九行本、蒙古本、關西本、劉本（嘉靖）、閩本、明監本、毛本、李本、王本、監圖本、岳本同。阮記引文「言湯惟是終始所與之難」，云：「惟，十行本誤作『推』。」盧記引文「言湯推是終始所與之難」，云：「閩本、明監本、毛本『推』作『惟』，案：『惟』字是也。」案經文云「先王惟時懋敬厥德」，則《傳》文作「惟」是。十行本誤「惟」作「推」。閩本改「推」作「惟」是。

47. 頁二十四左　經稱尹躬及湯有一德

按：「湯」，單疏本、九行本、蒙古本、十行本（元）、靜嘉堂本（元）、劉本（嘉靖）、永樂本、閩本、明監本、毛本同；八行本「湯」下有「咸」字，八行乙本、足利本、關西本同。《考文》云：「宋板『湯』下有『咸』字。」阮記云：「『湯』下，宋板有『咸』字，是也。」盧記同。案下疏文云「君臣皆有純一之德」，則尹及湯咸有一德也。有「咸」字是。單疏本無「咸」字，八行本、足利本「咸有」二字擠刻，是八行本刊刻時承單疏本闕漏，而後又有剜補。

48. 頁二十五右　此至沃丁始卒

按：「此」，蒙古本、十行本（元）、靜嘉堂本（元）、劉本（嘉靖）、永樂本、閩本、明監本同；單疏本作「比」，八行本、八行乙本、足利本、九行本、關西本、毛本同，《要義》所引亦同。《正字》云：「比，監本誤『此』。」阮記引文「比至沃丁始卒」，云：「比，十行、閩、監俱作『此』。」盧記引文「此至沃丁始卒」，云：「閩本、明監本同。毛本『此』作『比』。」案文義，伊尹卒在沃丁之時，是待至沃丁之時始卒。作「比」是。

49. 頁二十五右　伊尹乃迎而受之政

按：「受」，九行本、蒙古本、關西本、十行本（元）、靜嘉堂本（元）、劉本（嘉靖）、永樂本、閩本同；單疏本作「授」，八行本、八行乙本、足利本、明監本、毛本同，《要義》所引亦同。阮記引文「伊尹乃迎而授之政」，云：「授，十行、閩本俱誤作『受』。」盧記引文「伊尹乃迎而受之政」，云：「閩本同。毛本『受』作『授』。」案文義，伊尹放太甲，三年，伊尹迎太甲，授政太甲。作「授」是。九行本、蒙古本、關西本皆誤作「受」，疑南宋建陽坊間所刻宋十行本亦誤作「受」。

50. 頁二十七右　訓以善道訓助下民

按：「訓」，十行本（元）、靜嘉堂本（元）、劉本（元）、永樂本、閩本、明監本、毛本同；單疏本作「謂」，八行本、八行乙本、足利本、九行本、蒙古本、關西本同。《考文》云：「〔宋板〕『訓以』作『謂以』。」阮記云：「上『訓』字，宋板作『謂』。按：『訓』字非也。」盧記同。案文義，所謂訓民者，是以善道訓助下民。作「謂」是。阮記所言是。

51. 頁二十七左　此又觀王修德

按：「觀」，九行本、關西本、十行本（元）、靜嘉堂本（元）、劉本（元）、永樂本、閩本、明監本同；單疏本作「勸」，八行本、八行乙本、足利本、蒙古本、毛本同。《正字》云：「勸，監本誤『觀』。」阮記引文「此又勸王修德」，云：「勸，十行、閩、監俱誤作『觀』。下『勸王使為善政也』同。」盧記引文「此又觀王修德」，云：「閩本、明監本同。毛本『觀』作『勸』。案：『勸』字是也。下『觀王重使為善政也』同。」案文義，經文「嗚呼，七世之廟可以觀德，萬夫之長可以觀政」，此時勸王修德之辭也。當從單疏本等作「勸」是。

52. 頁二十七左　觀王使為善政也

按：「觀」，十行本（元）、靜嘉堂本（元）、劉本（元）、永樂本、閩本、明監本同；單疏本作「勸」，八行本、八行乙本、足利本、九行本、蒙古本、毛本同；關西本作「見」。案文義，萬夫之長尚能為政立德，況天子乎？亦是勸王惟善政也。作「勸」是。

53. 頁二十八右　論七廟諸多矣

按：「諸」，十行本（元）、靜嘉堂本（元）、劉本（元）、永樂本同；單疏本作「者」，八行本、八行乙本、足利本、九行本、蒙古本、關西本、閩本、明監本、毛本同，《要義》所引亦同。阮記引文「論七廟者多矣」，云：「者，十行本誤作『諸』。」盧記引文「論七廟諸多矣」，云：「閩本、明監本、毛本『諸』作『者』。案：『諸』字誤也。」案文義，此謂西漢以來，眾多之人曾論及七廟。作「者」是。

54. 頁二十八右　其文見於記傳

按：「傳」，十行本（元）、靜嘉堂本（元）、劉本（元）、永樂本、閩本、明監本同；單疏本「傳」下有「者」字，八行本、八行乙本、足利本、九行本、蒙古本、關西本、毛本同，《要義》所引亦同。《正字》云：「監本脫『者』字。」阮記引文「其文見於記傳者」，云：「十行、閩、監俱無『者』字。」盧記引文「其文見於記傳」，云：「閩本、明監本同。毛本『傳』下有『者』字。」單疏本、八行本等皆有「者」字，十行本誤脫「者」字。

55. 頁二十九右　晉文請遂

按：「遂」，十行本（元）、靜嘉堂本（元）、劉本（嘉靖）、永樂本、閩本同；單疏本作「隧」，八行本、八行乙本、足利本、九行本、蒙古本、關西本、明監本、毛本同，《要義》所引亦同。阮記引文「晉文請隧」，云：「隧，十行、閩本俱誤作『遂』。」盧記聽聞「晉文請遂」，云：「閩本同。毛本『遂』作『隧』。案：『隧』字是也。」十行本刻作「遂」，墨筆補作「隧」。案文義，「隧」者，屬天子之葬禮，晉文公請之，故周襄王不許。作「隧」是，作「遂」則文義不通。

56. 頁二十九右　使錄其事

按：「使」，九行本、蒙古本、關西本、十行本（元）、靜嘉堂本（元）、永樂本同；單疏本作「史」，八行本、八行乙本、足利本、劉本（嘉靖）、閩本、明監本、毛本同。阮記引文「史錄其事」，云：「史，十行作『使』。」盧記引文「使錄其事」，云：「各本『使』作『史』。」案文義，桑穀之事告於巫咸，史官錄其事。作「史」是。

57. 頁二十九左　兩手搤之曰揚

按：「揚」，十行本（元）、靜嘉堂本（元）、劉本（嘉靖）同；單疏本作「拱」，八行本、八行乙本、足利本、九行本、蒙古本、關西本、永樂本、閩本、明監本、毛本同。阮記引文「兩手搤之曰拱」，云：「拱，十行本誤作『揚』。」盧記引文「兩手搤之曰揚」，云：「閩本、明監本、毛本『揚』作『拱』。案：『拱』字是也。」案文義，兩手搤，是拱也，作「揚」則非。

58. 頁二十九左　夏侯始昌劉向籌說云

按：「籌」，蒙古本、十行本（元）、靜嘉堂本（元）、劉本（嘉靖）、永樂本、閩本、明監本同；單疏本作「等」，八行本、八行乙本、足利本、關西本同；九行本作「筭」；毛本作「算」。《考文》引文「劉向算法云」，云：「〔宋板〕『算法』作『等說』。」阮記引文「夏侯始昌劉向算法云」，云：「算法，宋板作『等說』。十行本作『籌說』，閩、監俱作『籌法』。按：『籌』字與『等』相似，故誤『等』為『籌』。毛本又誤為『算』則益遠矣。」阮記言是，「籌」當為「等」字形近之訛，當從單疏本作「等」。

59. 頁二十九左　而遠方重譯而至七十六國

按：「七」，單疏本、八行本、八行乙本、足利本、九行本、蒙古本、關西本、十行本（元）、靜嘉堂本（元）、劉本（嘉靖）、永樂本、閩本、明監本、毛本同。《正字》云：「『者』誤『七』。《書傳》作『六國』，《說苑》作『七國』，惟《家語》作『十有六國』。疑『六』與『七』近之。」阮記云：「浦鏜云：『者』誤『七』。《書傳》『重譯而朝者六國』，《說苑》作『七國』，《家語》作『十有六國』。疑『六』與『七』近之。○按：恐仍當以『七十六國』為是，《書傳》脫『七十』二字，《說苑》脫『十六』二字耳。然『者』字似不可省，姑存浦說俟考。」盧記同。檢明黃魯曾覆宋本《孔子家語》卷一云「遠方慕義重譯至者十有六國」，與《尚書正義》「七十六」不同，未詳孰是，存之待考。

60. 頁三十右　三篇皆亡

按：「三」，九行本、蒙古本、十行本（元）、靜嘉堂本（元）、劉本（嘉靖）、永樂本、閩本、明監本、毛本同；八行本作「二」，八行乙本、足利本、關西本、李本、王本、監圖本、岳本同。《考文》云：「〔古本〕『三』作『二』。」《正字》云：「『二』誤『三』。」阮記云：「三，古本、岳本、宋板、纂傳俱作『二』，是也。」盧記云：「古本、岳本、宋板、纂傳『三』作『二』。案：『二』字是也。」案疏文云「《伊陟》《原命》二篇」，則《傳》文作「二」是。

61. 頁三十左　大不辭乎

　　按：「大」，十行本（元）、劉本（嘉靖）、永樂本、閩本、明監本、毛本同；單疏本作「太」，八行本、八行乙本、足利本、九行本、蒙古本、關西本、靜嘉堂本（元）同，《要義》所引亦同。《考文》云：「〔宋板〕『大』作『太』。」阮記云：「大，宋板、十行俱作『太』。」案文義，經文「圮于耿」，孔《傳》釋云「圮於相，遷於耿」，孔穎達疏文云「經言『圮于耿』，太不辭乎？」似是說明古人之言雖尚要約，然恐非《傳》文所釋之義。今以為作「太」為宜。十行本作「大」，靜嘉堂本作「太」，十行本印刷時間早於靜嘉堂本，反而作「大」，疑為印刷問題，非十行本刻誤。劉本此葉為嘉靖補板，補板時誤作「大」，閩本、明監本、毛本遞承此誤。

卷　九

1. 頁一右　傳自湯至亳怨

按：「怨」，十行本（元）、靜嘉堂本（元）、劉本（嘉靖）、永樂本同；單疏本作「殷」，八行本、八行乙本、足利本、九行本、蒙古本、關西本、閩本、明監本、毛本同。阮記引文「傳自湯至亳殷」，云：「殷，十行本誤作『怨』。按：十行本此篇誤字尤多，今不盡按。」盧記引文「傳自湯至亳怨」，云：「岳本、閩本、明監本、毛本『怨』作『殷』。案：『怨』字誤也。」案《傳》文出「自湯……盤庚治亳殷」，則疏文標目作「殷」是。阮記言是。

2. 頁一左　始皆作亂其字與治不類

按：「始皆作亂其字與治不類」，九行本、蒙古本、關西本、十行本（元）、靜嘉堂本（元）、劉本（嘉靖）、永樂本、閩本、明監本、毛本同。單疏本作「始皆作乿其字與治不類」；八行本作「始皆作亂其字與治不類」；八行乙本作「治皆作乿其字與始不類」，足利本同；《要義》引作「治皆作亂其字與始不類」。《考文》引文「安國先得，始皆作亂，其字與治不類」，云：「〔宋板〕作『安國先得，治皆作乿，其字與始不類』。」《正字》引文「始皆作亂，其字與治不類」，云：「『始』、『治』二字當互誤。」阮記引文「始皆作亂，其字與治不類」，云：「宋板作『治皆作乿其字與始不類』。按：宋板是也。」盧記同。案「乿」為「治」之古字。單疏作「『始』皆作『乿』，其字與『治』不類」文義不通，疑其「始」「治」二字當互乙，疑此段文字當作「『治』皆作『乿』，其字與『始』不類」。

3. 頁一左　有從河有亳地遷於洹水之南

按：「有」，十行本（元）、靜嘉堂本（元）、劉本（嘉靖）、永樂本、閩本同；單疏本作「南」，八行本、八行乙本、足利本、九行本、蒙古本、關西本同，《要義》所引亦同；明監本作「自」，毛本同。《考文》引文「有從河自亳地」，云：「〔宋板〕『自』作『南』。謹按：正、嘉二本作『有』字，非也。當從宋板。」阮記引文「有從河自亳地遷於洹水之南」，云：「自，宋板作『南』。山井鼎曰：正、嘉二本作『有』字，非也，當從宋板。○按：十行、閩本亦俱作『有』，監本始作『自』。」盧記引文「有從河有亳地遷於洹水之南」，云：「閩本同。宋本『河有』作『河南』。案：『南』字是也。明監本、毛本作『河自』亦誤。」亳地在河之南，作「南」是。十行本誤「南」作「有」，形近之訛。

4. 頁二右　殷質以名篇

按：「名」，八行本、八行乙本、足利本、九行本、蒙古本、關西本、十行本（元）、靜嘉堂本（正德）、劉本（正德）、永樂本、閩本、明監本、毛本、李本、王本、監圖本、岳本皆同，《要義》所引亦同。《考文》云：「〔古本〕作『殷質，以名名篇』。」阮記云：「古本重『名』字，案疏標目不重。」盧記同。檢內野本作「名名」。然疏文標目云「傳殷質以名篇」，則孔穎達所據之本《傳》文不重「名」字，與內野本不同。今以為當以不重「名」字為是，《傳》文前云「盤庚，殷王名」，則下接「以名篇」，文義通暢，文從省約，且疏文亦云「但以盤庚名篇」。綜上，《傳》文不必於「名」字下別加一「名」字。

5. 頁二右　中上二篇

按：「中上」，單疏本、八行本、八行乙本、足利本、九行本、蒙古本、關西本、十行本（元）、靜嘉堂本（正德）、劉本（正德）、永樂本、閩本、明監本、毛本同。阮記云：「『中上』二字，纂傳倒。」盧記同。中、上二篇，指《盤庚》之中、上二篇，今仍從單疏本作「中上」。

6. 頁二右　皆以王名篇

按：「名」，九行本、蒙古本、關西本、十行本（元）、靜嘉堂本（正德）、劉本（正德十二年）、永樂本、閩本、明監本、毛本同；單疏本作「名名」，

八行本、八行乙本、足利本同。《考文》云：「〔宋板〕作『皆以王名名篇』。」阮記云：「宋板重『名』字。按：下文云『故以王名名篇也』，諸本俱重『名』字，則此句當依宋板，而《傳》文當依古本。其疏中標目亦當重『名』字，諸本不重，誤也。」盧記同。案文義，仲丁、祖乙、河亶甲，皆殷王之名，以殷王之名名篇。疏文當從單疏本、八行本等作「名名」是。阮記所言是。

7. 頁二左　傳殷質以名篇

按：「名」，單疏本、八行本、八行乙本、足利本、九行本、蒙古本、關西本、十行本（元）、靜嘉堂本（正德）、劉本（正德十二年）、永樂本、閩本、明監本、毛本皆同。傳世刊本《傳》文皆作「殷質以名篇」，則此處疏文標目作「傳殷質以名篇」不誤。

8. 頁二左　子門甲立

按：「門」，靜嘉堂本（正德）、劉本（正德十二年）同；單疏本作「開」，八行本、八行乙本、足利本、九行本、蒙古本、關西本、十行本（元）、永樂本、閩本、明監本、毛本同。《正字》引文「本紀云，弟開甲立，崩，開甲兄祖辛之子祖丁立」，云：「誤『子開甲立，崩，弟祖丁立』。『子開』當作『弟沃』。『弟』當作『兄祖辛之子』。下『開甲』亦『沃甲』之譌。」阮記引文「子開甲立」，云：「開，十行本誤作『門』，下同。」盧記引文「子門甲立」，云：「諸本『門』皆作『開』。『門』字誤也。」案靜嘉堂本、劉本此葉為明正德補板，正德補板時誤「開」作「門」。

9. 頁二左　門甲之子

按：「門」，靜嘉堂本（正德）、劉本（正德十二年）同；單疏本作「開」，八行本、八行乙本、足利本、九行本、蒙古本、關西本、十行本（元）、永樂本、閩本、明監本、毛本同。靜嘉堂本、劉本此葉為正德十二年補板，明正德補板時誤「開」作「門」。

10. 頁二左　重我民無殺盡殺故

按：「殺」，靜嘉堂本（正德）同；八行本作「欲」，八行乙本、足利本、九行本、蒙古本、關西本、十行本（元）、劉本（正德十二年）、永樂本、閩

本、明監本、毛本、李本、王本、監圖本、岳本同。阮記引文「重我民無欲盡殺故」，云：「欲，十行本誤作『殺』。」盧記引文「重我民無殺盡殺故」，云：「諸本『無殺』作『無欲』。『殺』字誤也。」十行本作「欲」不誤，而靜嘉堂本此葉為明正德時期補板，明正德補板時「欲」誤作「殺」。劉本此葉整體亦為正德時期補刻板葉，與靜嘉堂本同，然劉本印刷時間在明嘉靖時期，此時印本既有嘉靖時期新刻補板，亦有對原有元刻板葉、正德板葉進行局部修補，或有個別剜改。比較靜嘉堂本、劉本此葉，靜嘉堂本「稽■■反」，「稽」下有兩字墨釘，劉本墨釘之處則補刻「工兮」二字，由此推斷，劉本「欲」字是嘉靖時期對正德板葉的修改。

11. 頁三右　于今五邦

按：「于」，八行本、八行乙本、足利本、九行本、蒙古本、關西本、十行本（元）、靜嘉堂本（正德）、劉本（正德十二年）、永樂本、閩本、明監本、毛本、李本、王本、監圖本、岳本、唐石經、白文本皆同。阮記云：「『于』上古本有『至』字。」盧記同。檢靜嘉堂文庫所藏內野本「于」上有「至」字。案疏文「徙不常其邑，於今五邦矣」，則孔穎達所據之本無「至」字，與唐石經等皆合。仍以唐石經、八行本等無「至」字為是。

12. 頁三右　天將絕命

按：「命」，八行本、八行乙本、足利本、九行本、蒙古本、關西本、十行本（元）、靜嘉堂本（正德）、劉本（正德十二年）、永樂本、閩本、明監本、毛本、李本、王本、監圖本、岳本皆同。《考文》云：「『命』上古本有『汝』字。」阮記云：「『命』上古本有『汝』字。」盧記云：「古本『命』上有『汝』字。」檢內野本「命」上有「汝」字。然唐人所寫岩崎本無「汝」字，又疏文云「天將絕命，尚不能知」，則孔穎達所據之本亦無「汝」字。今仍從八行本等以無「汝」字為是。

13. 頁三右　有用生藧哉

按：「哉」，八行本、八行乙本、足利本、九行本、蒙古本、關西本、十行本（元）、靜嘉堂本（正德）、劉本（正德十二年）、永樂本、閩本、明監本、毛本、李本、監圖本、岳本同；王本漫漶。《考文》云：「〔古本〕『哉』

作『栽』，下有『也』字。謹按：考《疏》，古本似是。」阮記云：「哉，古本作『栽』。山井鼎曰：考《疏》，古本似是。」盧記云：「古本『哉』作『栽』。山井鼎曰：考《疏》，古本似是。」檢唐人所寫岩崎本「哉」作「栽」；檢靜嘉堂文庫所藏內野本此字筆畫有損，難以辨別是「栽」或是「哉」。檢山井鼎所據足利學校所藏古本《古文尚書》作「栽」。案疏文云「若顛仆之木有用生蘗哉」，又云「猶木死生蘗哉」，則孔穎達所據之本作「哉」。《傳》文作「栽」或是作「哉」，存之待考。

14. 頁三右　本又作枿

按：「枿」，九行本、蒙古本、關西本、十行本（元）、靜嘉堂本（正德）、劉本（正德十二年）、永樂本、閩本、明監本、毛本、監圖本同；王本作「𣏳」。檢阮記、盧記皆無說。然阮記摘經文「若顛木之由蘗」，云：「陸氏曰：蘗，本又作枿。按：『枿』本作『櫱』，傳寫者從俗作『枿』耳。」盧記同。檢《說文》出「櫱」；然檢唐人所寫岩崎本作「㭩」，應是「㭩」之隸定，為「櫱」之古文。非如阮記所言作「櫱」，亦非如陸德明所見別本作「枿」。蓋「蘗」於古本之中古字、俗寫眾多，而阮記言《經典釋文》所見別本必當作「櫱」，似有武斷之嫌。

15. 頁三左　先正其號名

按：「名」，九行本、蒙古本、關西本、十行本（元）、靜嘉堂本（正德）、劉本（正德十二年）、永樂本、閩本、明監本、毛本同；單疏本作「明」，八行本、八行乙本、足利本同，《要義》所引亦同。《考文·補遺》云：「〔宋板〕『名』作『明』。」阮記云：「名，宋板作『明』。按：作『明』，屬下句，亦通。」盧記同。於此段疏文之中，「名」與「號」義同，前後疏文或云「名」，或云「號」，無「號」「名」連文者。此處「名」似當從單疏本等作「明」，屬下讀。

16. 頁三左　或稱殷

按：「或」，十行本（元）、靜嘉堂本（正德）、劉本（正德十二年）、永樂本、閩本、明監本、毛本同；單疏本「或」上有「或稱商」三字，八行本、八行乙本、足利本、九行本、蒙古本、關西本同，《要義》所引亦同。《考文》引文「而商名不改，或稱殷」，云：「〔宋板〕『改』下有『或稱商』三字。」阮記

引文「或稱殷」，云：「此句上，宋板有『或稱商』三字。」盧記同。單疏本等有「或稱商」三字是，十行本脫「或稱商」三字。

17. 頁三左　亳是殷也大名

按：「也」，靜嘉堂本（正德）、劉本（正德十二年）同；單疏本作「地」，八行本、八行乙本、足利本、九行本、蒙古本、關西本、十行本（元）、永樂本、閩本、明監本、毛本同，《要義》所引亦同。盧記云：「案：『也』當作『地』。」十行本「地」字已闕土旁之一横。靜嘉堂本、劉本此葉為正德補板，補板時誤「地」作「也」。

18. 頁四右　不欲往彼殷也

按：「也」，九行本、蒙古本、關西本、十行本（元）、靜嘉堂本（正德）、劉本（正德十二年）、永樂本、閩本同；單疏本作「地」，八行本、八行乙本、足利本、明監本、毛本同。阮記引文「不欲往彼殷地」，云：「地，十行、閩本俱誤作『也』。」盧記引文「不欲住彼殷也」，云：「毛本『也』作『地』，是也。」作「地」是，盤庚遷亳，即殷地，民不願遷往殷地。單疏本等作「地」是。九行本、蒙古本、關西本皆誤作『也』，疑南宋建陽坊間所刻宋十行本亦誤作「也」。

19. 頁四右　言為正直之言

按：「言」，十行本（元）、靜嘉堂本（正德）、劉本（正德十二年）、永樂本、閩本、明監本、毛本同；單疏本「言」上有「故以矢」三字，八行本、八行乙本、足利本、九行本、蒙古本、關西本同。《考文》引文「言為正直之言」，云：「〔宋板〕作『故以矢言為正直之言』。謹按：多『故以矢』三字。」阮記云「宋板作『故以矢言為正直之言』。」盧記同。案經文云「出矢言」，《傳》文云「出正直之言」，即以「正直之言」釋「矢言」也，疏文則引《詩》「其直如矢」以孔《傳》為何用「正直之言」釋「矢言」也，則疏文有「故以矢」三字為是。

20. 頁四右　今盤庚自欲遷于殷

按：「欲」，靜嘉堂本（正德）、劉本（正德十二年）同；單疏本作「耿」，

八行本、八行乙本、足利本、九行本、蒙古本、關西本、十行本（元）、永樂本、閩本、明監本、毛本同。阮記引文「今盤庚自耿遷于殷」，云：「耿，十行本誤作『欲』。」盧記引文「今盤庚自欲遷于殷」，云：「毛本『欲』作『耿』，是也。」上疏文云祖乙「遷都於耿」，則此處當云今盤庚自耿遷于殷，作「耿」是。案十行本「耿」字已不清晰，有筆畫脫落。至正德補板時，誤「耿」為「欲」，形近之訛。

21. 頁四右　劉殺釋詁云

按：「云」，靜嘉堂本（正德）、劉本（正德十二年）、閩本、明監本同；單疏本作「文」，八行本、八行乙本、足利本、九行本、蒙古本、關西本、十行本、永樂本、毛本同。阮記引文「劉殺釋詁文」，云：「文，十行、閩、監俱誤作『云』。」盧記引文「劉殺釋詁云」，云：「閩本、明監本同。毛本『云』作『文』，是也。」案「劉，殺」是《爾雅・釋詁》之文，作「文」是。十行本作「文」不誤，正德補板時誤「文」作「云」。

22. 頁四右　先王所以決欲遷此者

按：「決欲」，閩本、明監本同；單疏本作「去彼」，八行本、八行乙本、足利本、九行本、蒙古本、關西本、十行本（元）、永樂本、毛本同；靜嘉堂本（正德）作「𠂹欲」，劉本（正德十二年）同。《正字》云：「去彼，監、閩本作『決欲』。」阮記引文「先王所以去彼遷此者」，云：「去彼，十行、閩、監俱作『決欲』。」盧記引文「先王所以決欲遷此者」，云：「閩本、明監本同。毛本『決欲』作『去彼』。」閩本的底本大致與靜嘉堂本刊印時期相仿，故而誤將「𠂹欲」識別作「決欲」。靜嘉堂本、劉本此處正德補板之所以作「𠂹欲」，實因十行本元刻板葉「去彼」漫漶，正德補板時訛作「𠂹欲」，形近之訛。阮本、阮記將「𠂹」字認作「決」，或是從閩本之誤識。

23. 頁四右　大遷考自龜

按：「考自」，靜嘉堂本（正德）、永樂本同；單疏本作「則貞」，八行本、八行乙本、足利本、九行本、蒙古本、十行本（元）、閩本、明監本、毛本同；劉本（正德十二年）作「則貞」。阮記引文「大遷則貞龜」，云：「則貞，十行本誤作『考自』。」當從單疏本等作「則貞」是。十行本作「則貞」本

不誤，靜嘉堂本此葉顯示正德補板時「則貞」誤作「考自」，而劉本此葉雖然亦為正德補板，但劉本印刷時間在嘉靖時期，嘉靖時期亦對正德補板進行修改，故劉本作「則**貞**」，可知阮本底本當為正德印本，與嘉靖時期印本無涉。又檢張鈞衡《尚書注疏校勘記》引文「大遷則真龜」，云：「阮本『則真』作『考自』。此與毛本合。」張氏言永樂本作「則真」，或是張氏誤識永樂本文字，或是永樂本誤「則貞」作「則真」。張鈞衡影刻永樂本時改底本文字「則真（貞）」作「考自」。

24. 頁四右　謂有典法

按：「謂」，十行本（元）、靜嘉堂本（正德）、劉本（正德十二年）、永樂本、閩本、明監本同；單疏本「謂」下有「行」字，八行本、八行乙本、足利本、九行本、蒙古本、關西本、毛本同。《正字》云：「監本脫『行』字。」阮記引文「謂行有典法」，云：「十行、閩、監俱無『行』字。」盧記引文「謂有典法」，云：「閩本、明監本同。毛本『謂』下有『行』字。」上疏文云「先王有所服行」，此處當「服」下當從單疏本等有「行」字為是。

25. 頁四右　即是有所服也

按：「服」，十行本（元）、靜嘉堂本（正德）、劉本（正德十二年）、永樂本、閩本、明監本同；單疏本「謂」下有「行」字，八行本、八行乙本、足利本、九行本、蒙古本、關西本、毛本同。《正字》云：「監本脫『行』字。」阮記引文「即是有所服行也」，云：「十行、閩亦俱無『行』字。」盧記引文「即是有所服也」，云：「閩本、明監本同。毛本『服』下有『行』字。」案上疏文云「先王有所服行」，故此處當云「即是有所服行也」。從單疏本等「服」下有「行」字為是。

26. 頁四右　鄭注皆云

按：「注」，靜嘉堂本（正德）同；單疏本作「王」，八行本、八行乙本、足利本、九行本、蒙古本、關西本、十行本（元）、劉本（正德十二年）、永樂本、閩本、明監本、毛本同。阮記引文「鄭王皆云」，云：「王，十行本誤作『注』。」盧記引文「鄭注皆云」，云：「毛本『注』作『王』。」案「鄭」即鄭玄，「王」即王肅，當從單疏本等作「王」是。十行本作「王」原不誤，

正德補板時誤作「注」。阮本作「注」，則阮本所據之本為正德時期印本。劉本此葉仍為正德補板，然嘉靖時期印刷的劉本對正德補板進行了修改，故劉本作「王」不誤。

27. 頁四左　盤庚敷于民由乃在位

按：「由」，八行本、八行乙本、足利本、九行本、蒙古本、關西本、十行本（元）、靜嘉堂本（正德）、劉本（正德十二年）、永樂本、閩本、明監本、毛本、李本、王本、監圖本、岳本、唐石經、白文本皆同。《考文》引文「由乃在位」，云：「〔古本〕『由』上有『曰』字。」阮記云：「『由』上古本有『曰』字。」盧記同。檢唐人所寫岩崎本「由」上無「曰」字。檢內野本「由」上有「曰」字，「曰」字旁有批校云「或無扌同」，內野本批校是謂有某部古本無「曰」字，宋刊本與某部古本同無「曰」字。今仍從岩崎本、唐石經等無「曰」字為是。

28. 頁四左　王命眾悉至于庭

按：「庭」，八行本、八行乙本、足利本、九行本、蒙古本、關西本、十行本（元）、靜嘉堂本（正德）、劉本（正德十二年）、永樂本、閩本、明監本、毛本、李本、王本、監圖本、岳本、唐石經、白文本皆同。《考文》云：「〔古本〕『庭』上有『朝』字。」阮記云：「『庭』上古本有『朝』字。」盧記同。岩崎本「庭」上無「朝」字，然「于」下、「庭」上有小字「王」。內野本「庭」上有「朝」字，「朝」字旁有批校「扌無」，謂宋刊本無「朝」字。今檢疏文云「故知眾悉至王庭」，與岩崎本小字所示「王」字相合。今難以斷定經文「庭」上是否有字，存之待考。

29. 頁五左　善自用之意也

按：「善」，單疏本、八行本、八行乙本、足利本、九行本、蒙古本、關西本、十行本（元）、靜嘉堂本（正德）、劉本（正德十二年）、永樂本、閩本同；明監本「善」上有「拒」字，毛本同。阮記引文「拒善自用之意也」，云：「十行、閩本俱無『拒』字。」盧記引文「善自用之意也」，云：「閩本同。明監本、毛本『善』上有『拒』字。」案《釋文》云「馬云：《說文》皆云拒善自用之意」，而疏云「王肅云：聒聒，善自用之意也」。馬融「拒善自

用」與王肅「善自用」，其義一也。不必據馬氏注對疏文所引王氏注之處增「拒」字。仍從單疏本等作「善」為宜。

30. 頁五左　正義曰……不從己也

按：「曰」，單疏本、八行本、八行乙本、足利本、九行本、蒙古本、關西本、十行本（元）、劉本（正德十二年）、永樂本、閩本、明監本、毛本同；靜嘉堂本「曰」下疏文皆闕。阮記引文「正義曰」，云：「此疏，十行本此句之下全空。」靜嘉堂本此葉為正德補板，「正義曰」下一段疏文皆闕，劉本此葉雖亦為正德補板，但其印刷時間為嘉靖時期，嘉靖時期對正德補板亦有補正，補刻「正義曰」以下至「不從己也」一段疏文。阮本所據之本當為正德時期印本。

31. 頁六右　毒為禍患也

按：「為」，蒙古本、關西本、十行本（元）、靜嘉堂本（正德）、劉本（正德十二年）、永樂本、閩本、明監本、毛本同；單疏本作「謂」，八行本、八行乙本、足利本、九行本同。《考文》云：「〔宋板〕『為』作『謂』。」《正字》引文「言不徙則有毒毒為禍患也」，云：「『毒毒』當『大毒』之誤。」阮記云：「為，宋板作『謂』。」盧記同。案文義，作「謂」是。不畏大毒於遠近，毒謂禍患，遠近謂徐促。單疏本等作「謂」是。浦鏜既不知「為」是「謂」字之訛，則其所云「毒毒」當作「大毒」實為臆說。

32. 頁六左　是自生毒害

按：「自」，八行本、八行乙本、足利本、九行本、蒙古本、關西本、十行本（元）、靜嘉堂本（正德）、劉本（正德十二年）、永樂本、閩本、明監本、毛本、李本、王本、監圖本、岳本皆同，《要義》所引亦同。《考文》云：「〔古本〕作『是汝自生毒害也』。」阮記引文「是自生毒害」，云：「古本作『汝自生毒害也』。」檢唐人所寫岩崎本「自」上無「汝」字。檢內野本「自」上有「女」字。今以為孔《傳》當以無「汝（女）」字為省約，且唐人所寫岩崎本即無「汝（女）」字，故而仍以無「汝（女）」字為是。

33. 頁六左　徙奉持所痛而悔之

按：「徙」，九行本、靜嘉堂本（正德）、劉本（正德十二年）、閩本、監

圖本同；八行本作「徒」，八行乙本、足利本、蒙古本、關西本、永樂本、明監本、毛本、李本、王本、岳本同；十行本（元）筆畫有脫落，無法斷定是「徒」字或是「徙」字。阮記引文「徒奉持所痛而悔之」，云：「徒，十行、閩本俱誤作『徙』。」盧記引文「徙奉持所痛而悔之」，云：「閩本同。毛本『徙』作『徒』，是也。」案文義，作「徒」字是。此《傳》文是言群臣不欲遷徙，已是先惡於民，不遷徙則禍毒生於群臣之身，群臣徒奉持所痛，將悔之不及。作「徒」字是。

34. 頁六左　馬云視王徐息反

按：「王」，靜嘉堂本（正德）、劉本（正德十二年）、閩本、明監本同；九行本作「也」，蒙古本、關西本、十行本、毛本、監圖本、岳本同；永樂本作「上」；王本無此段釋文。《正字》云：「也，監本誤『王』。」阮記摘字「相時」，引文「馬云視也」，云：「也，十行本誤作『王』。」盧記引文「馬云視王」，云：「案：『王』當作『也』。」今檢十行本雖作「也」不誤，然其「█」字漫漶，故永樂本將其誤識別作「上」，正德補板將其誤識別作「王」。

35. 頁七右　責其不請告上

按：「不請」，靜嘉堂本（正德）、劉本（正德十二年）同；八行本作「不以情」，八行乙本、足利本、九行本、蒙古本、關西本、毛本、李本、監圖本、岳本同；十行本（元）作「不情」，永樂本、閩本、明監本同；王本此處非孔《傳》文字。《正字》引文「責其不情告上」，云：「『不』下毛本有『以』字。」阮記引文「責其不以情告上」，云：「不以情，閩、葛、監本俱脫『以』字，十行本誤作『不請』。按：諸本皆因《疏》而誤，不知《疏》亦誤也，見後。」盧記引文「責其不請告上」，云：「閩本、葛本、明監本『請』作『情』。毛本『情』上又有『以』字。按：諸本皆因《疏》而誤，不知《疏》亦誤也，見後。」當從八行本等作「不以情」為是。十行本刊漏「以」字，永樂本承其誤。至正德修板時刻誤，遂刻作「不請」。閩本以為「不請」二字文義不通，遂據疏文改「請」作「情」。諸本並非因疏文而誤，實是十行本刊漏「以」字，遂衍生若干脫訛。

36. 頁七右　嚮竹亮反

按：「嚮竹」，靜嘉堂本（正德）、劉本（正德十二年）同；九行本作「嚮

許」，蒙古本、關西本、十行本（元）、永樂本、閩本、明監本、毛本、監圖本、岳本同；王本無此段音義。阮記摘字「嚮」，引文「許亮反」，云：「許，十行本誤作『竹』。盧文弨云：『嚮』當作『鄉』。是也。」盧記引文「嚮竹亮反」，云：「案：『竹』當作『許』。盧文弨云：『嚮』當作『鄉』。是也。」檢十行本「許」字筆畫有脫落，近似「竹」字。靜嘉堂本、劉本此葉為正德補板，補板時將「許」字誤識作「竹」。

37. 頁七右　滅恩甚大

按：「滅」，十行本（元）、靜嘉堂本（正德）、劉本（正德十二年）、永樂本、閩本、明監本同；單疏本作「威」，八行本、八行乙本、足利本、九行本、蒙古本、關西本、毛本同。《正字》引文「制汝短長之命，威恩甚大」，云：「『威恩』字疑誤倒。『威』，監本誤『滅』。」阮記引文「威恩甚大」，云：「威，十行、閩、監俱誤作『滅』。」盧記引文「滅恩甚大」，云：「閩本、明監本同。毛本『滅』作『威』。」案文義，天子能制群臣短長之命，則於群臣可謂威恩甚大。作「威」是。

38. 頁七右　何以不情告我

按：「以不」，九行本、蒙古本、關西本、十行本（元）、靜嘉堂本（正德）、劉本（正德十二年）、永樂本、閩本、明監本、毛本同；單疏本作「不以」，八行本、八行乙本、足利本同。《考文》引文「何以不情告我」，云：「〔宋板〕作『何不以情告我』。」阮記云：「以不，宋板作『不以』。按：觀宋板知諸本《傳》文無『以』字者為誤。」盧記同。案八行本《傳》文出「則其不以情告我」，則單疏本、八行本等疏文作「不以情」是。

39. 頁七右　傳曷何至禍害

按：「禍」，單疏本、八行本、八行乙本、足利本、九行本、蒙古本、關西本、永樂本、明監本、毛本同；十行本（元）作「忽」，靜嘉堂本（正德）、劉本（正德十二年）、閩本同。阮記云：「禍，十行、閩本俱誤作『忽』。」盧記引文「傳曷何至忽害」，云：「閩本同。毛本『忽』作『禍』，是也。今改正。」案《傳》文出「眾有禍害」，則疏文標目作「禍」是。

40. 頁七左　遲任古賢

按：「賢」，八行本、八行乙本、足利本、九行本、蒙古本、關西本、十行本（元）、靜嘉堂本（正德）、劉本（正德十二年）、永樂本、閩本、明監本、毛本、李本、監圖本、岳本同；王本此處非孔《傳》文字。《考文》云：「〔古本〕下有『人』字。」阮記云：「古本下有『人』字。」盧記同。檢唐人所寫岩崎本作「遲任，古賢也」。檢內野本作「遲任，古賢人」。存在無「人」字之唐寫本，亦有有「人」字之古本，未知孔《傳》原文是否有「人」字，存之待考。

41. 頁七左　我不敢動用非罰加汝非德賞汝乎從汝善惡而報之

按：「乎」，八行本、八行乙本、足利本、九行本、蒙古本、關西本、十行本（元）、靜嘉堂本（正德）、劉本（正德十二年）、永樂本、閩本、明監本、毛本、李本、監圖本、岳本同；王本此處非孔《傳》文字。《考文》云：「〔古本〕『我』下有『豈』字，『之』下有『乎』字。謹按：古本不成文理，作『我豈敢動用非罰加汝，非德賞汝乎，從汝善惡而報之』，則為穩。」《正字》引文「各從汝善惡而報之」，云：「『各』誤『乎』。」阮記引文「我不敢動用非罰加汝，非德賞汝乎，從汝善惡而報之」，云：「古本『我』下有『豈』字，『之』下有『乎』字。山井鼎曰：古本不成文理，作『我豈敢動用非罰加汝，非德賞汝乎，從汝善惡而報之』則為穩，今本不字亦似不穩，姑記以俟再考。○按：浦鏜改『乎』為『各』，云從《疏》挍，是亦一說。或疑『非德』上有缺文。」檢唐人所寫岩崎本作「我𢙣動用非罰加女，非德賞女乎從女善惡而報之也」。檢靜嘉堂文庫所藏內野本此段《傳》文作「我豈敢動用非罰加汝，非德賞汝乎，從汝善惡而報之」，內野本「豈」字旁有批校「不扌有」，按照內野本之例，實際上批校應該寫作「不　扌乍」，謂宋刊本「豈」作「不」，此是內野本批校時筆誤。檢山井鼎所據足利學校古本《古文尚書》作「我豈不敢動用非罰加汝，非德賞汝乎，從汝善惡而報之乎」。足利學校古本《古文尚書》顯然是不加考辨地輾轉根據內野本批校在「豈」字下補入了「不」字，故而山井鼎所據之古本此處異文不可盡信。根據岩崎本、內野本與傳世刊本所示，《傳》文大體呈現兩種情形。一是岩崎本「我𢙣」與內野本「我豈敢」，疑岩崎本「𢙣」字為「敢」字俗寫，則岩崎本似抄漏「豈」字，大體說明此類寫本作「豈敢」。二是傳世刊本所示「不敢」，與孔穎達疏

文「我亦不敢動用非德之賞妄賞汝」所據之本相合，今仍從此類文本作「不敢」為是。至於浦鏜所謂「乎」當作「各」，實是根據孔穎達疏文「各從汝善惡而報之耳」。今案岩崎本、內野本皆作「乎」，不作「各」，孔穎達疏文增「各」字只為通暢文義，並非引自《傳》文，則浦鏜之說不可信。

42. 頁八右　其意而言汝從上必有賞

按：「而言汝」，靜嘉堂本（正德）同；單疏本作「告臣言」，八行本、八行乙本、足利本、九行本、蒙古本、關西本、十行本（元）、劉本（正德十二年）、永樂本、閩本、明監本、毛本同。阮記引文「其意告臣言從上必有賞」，云：「告臣言，十行本誤作『而言汝』。」盧記引文「其意而言汝從上必有賞」，云：「岳本、閩本、明監本『而言汝』作『告臣言』。案：『而言汝』誤也。」作「告臣言」是，疏文是謂盤庚告之臣下，從則有賞，違則有罰。案十行本作「告臣言」本不誤，正德時期補板誤作「而言汝」。劉本此葉雖亦為正德補板，然其作「告臣言」不誤，劉本印刷時間在嘉靖時期，嘉靖時期對正德補板亦有修改。

43. 頁八左　故禘祫為小也

按：「禘祫」，十行本（元）、靜嘉堂本（正德）、劉本（正德十二年）、永樂本、閩本、明監本、毛本同；單疏本作「礿祠」，八行本、八行乙本、足利本、九行本、蒙古本、關西本同。《考文》云：「〔宋板〕『禘祫』作『礿祠』。」阮記云：「禘祫，宋板作『礿祠』。」盧記同。案上疏文云「烝嘗為大，礿祠為小」，則此處云「故礿祠為小」，釋礿祠何以為小也。作「礿祠」是。

44. 頁九右　志之主欲得中也

按：「主」，十行本（元）、靜嘉堂本（正德）、劉本（正德十二年）、永樂本、閩本、明監本同；單疏本「主」上有「所」字，八行本、足利本、八行乙本、九行本、蒙古本、關西本、毛本同。《正字》云：「監本脫『所』字。」阮記引文「志之所主欲得中也」，云：「十行、閩、監俱無『所』字。」盧記引文「志之主欲得中也」，云：「閩本、明監本同。毛本『主』上有『所』字。」案文義，志之所主欲得中，必中所志乃為善，有「所」字文義通暢。當從單疏本等有「所」字是。

45. 頁九右　汝無侮耄成人無弱孤有幼

按：「無侮耄」，八行本、八行乙本、足利本、九行本、蒙古本、關西本、十行本（元）、靜嘉堂本（正德）、劉本（正德十二年）、永樂本、閩本、明監本、毛本、李本、王本、監圖本、岳本、白文本同；唐石經作「無耄侮」。《考文》引文「汝無侮耄成人，無弱孤有幼」，云：「〔古本〕『侮』上有『耄』字，『無』作『亡』。」阮記云：「無，古本作『亡』。『無弱』、『無有遠邇』同。古本『侮』上有『耄』字。唐石經作『汝無耄侮成人』。按：今本脫上『耄』字，石經脫下『耄』字。《傳》及《疏》內『侮耄』疑亦俱當作『耄侮』。○按：段玉裁云：唐石經是也。今板本作『侮耄』，因『耄成人』三字口習既孰，又誤會孔《傳》，故倒亂之。」盧記同。今案「汝無侮耄成人」，檢漢石經（皆據《尚書文字合編》）作「女毋翕侮成人」，敦煌殘卷伯二六四三號、岩崎本作「女亡耄侮成人」。則自漢石經以來至唐石經，多以「侮」字在後。今或當以漢石經、唐石經為正，「耄」字置於「侮」字前。

46. 頁九右　不用老成人之言

按：「之」，八行本、八行乙本、足利本、關西本、十行本（元）、靜嘉堂本（正德）、劉本（正德十二年）、永樂本、閩本、明監本、毛本、李本、監圖本、岳本同；九行本無「之」字，蒙古本同；王本此處非孔《傳》文字。阮記、盧記皆無說。案九行本、蒙古本脫「之」字。

47. 頁九右　是侮耄之

按：「侮耄之」，八行本、八行乙本、足利本、九行本、蒙古本、關西本、十行本（元）、靜嘉堂本（正德）、劉本（正德十二年）、永樂本、閩本、明監本、毛本、監圖本同；李本作「侮慢之」；王本此處非孔《傳》文字；岳本作「侮耄人」。阮記云：「之，岳本作『人』，恐非。按：段玉裁挍本作『耄侮』。」盧記云：「閩本『之』作『人』，恐非。」檢敦煌殘卷二六四三號、岩崎本作「耄侮之」，與其經文相合，或以「耄侮之」為是。

48. 頁九右　是侮耄之也

按：「侮耄」，單疏本、八行本、八行乙本、足利本、九行本、蒙古本、關西本、十行本（元）、靜嘉堂本（正德）、劉本（正德十二年）、永樂本、

閩本、明監本、毛本同。檢阮記、盧記皆無說。經傳既皆出校，阮本又於疏文「侮老」字旁加圈也。據疏文，或孔穎達所據之本經傳皆已作「侮老」。

49. 頁十右　罰及汝身雖侮可外乎

按：「外」，靜嘉堂本（正德）同；八行本作「及」，八行乙本、足利本、九行本、蒙古本、關西本、十行本（元）、劉本（正德）、永樂本、閩本、明監本、毛本、李本、王本、監圖本、岳本同。《考文》引文「罰及汝身，雖侮可及乎」，云：「古本作『罰已及汝身，雖悔何可及乎』。」阮記引文「罰及汝身雖悔可及乎」，云：「〔古本〕作『罰已及汝身，雖悔何可及乎』。」盧記引文「雖悔可外乎」，云：「古本『可』上有『何』字，『外』作『及』。案：『及』字是也。」案「雖侮可外乎」，檢敦煌殘卷二六四三號、岩崎本作「雖悔可及乎」，與傳世之八行本等相合，則《傳》文不必據山井鼎所見古本增「何」字。至於阮本作「外」，是阮本所據之本為正德時期印本，正德時期補板誤「及」作「外」。劉本作「及」不誤，是嘉靖時期又對正德補板進行了局部修改。

50. 頁十右　造士報反

按：「士」，十行本（元）、靜嘉堂本（正德）、劉本（正德）、永樂本、閩本、明監本、毛本同；九行本作「七」，蒙古本、關西本、王本、岳本同；監圖本作「十」。阮記引文「造七報反」，云：「七，十行本、毛本俱誤作『士』。下『七良』同。」盧記引文「造士報反」，云：「毛本同。案：『士』當作『七』。」案作「七」是，阮記言是。十行本作「士」應是刻誤。至於監圖本作「十」，應是「七」字或「士」字之筆畫有脫落，遂印作「十」。

51. 頁十二左　大能進勞汝

按：「汝」，八行本、八行乙本、足利本、九行本、蒙古本、關西本、十行本（元）、靜嘉堂本（正德）、劉本（正德十二年）、永樂本、閩本、明監本、毛本、李本、王本、監圖本、岳本同。《考文》云：「〔古本〕下有『先』字。」阮記云：「『汝』下古本有『先』字。」檢敦煌殘卷伯二六四三號「汝」下無「先」字，檢岩崎本「汝」下有「先」字，則唐人寫本有有「先」字者，亦有無「先」字者。今以為或以有「先」字為是，經文云「予念我先神后之

勞爾先」，則《傳》似以「我亦法湯大能進勞汝先」為宜。以義懷汝心」，又疏文云「言湯勞汝先」，《傳》文似應補「先」字。

52. 頁十二左　其下直言先后又畧而不言先其下直言先后

按：「又畧而不言先其下直言先后」，關西本、十行本（元）、靜嘉堂本（正德）、劉本（正德十二年）、永樂本同；單疏本無，八行本、八行乙本、足利本、九行本、蒙古本、閩本、明監本、毛本同。阮記引文「其下直言先后」，云：「此句下，十行本衍『又略而不言先其下直言先后』二句。」盧記引文「其下直言先后又畧而不言先其下直言先」，云：「案：『后』下十一字複衍。」案關西本、十行本皆誤衍「又畧而不言先其下直言先后」十二字，推測南宋建陽坊間所刻宋十行本已衍此兩句。

53. 頁十二左　此言湯勞汝先

按：「此」，靜嘉堂本（正德）、劉本（正德十二年）、永樂本同；單疏本作「追」，八行本、八行乙本、足利本、九行本、蒙古本、關西本、十行本（元）、閩本、明監本、毛本同。阮記引文「追言湯勞汝先」，云：「追，十行本作『此』。」盧記引文「此言湯勞汝先」，云：「毛本『此』作『追』。」案文義，此為盤庚追述湯進勞今之群臣之先人，從單疏本等作「追」字為宜。

54. 頁十三左　故言下見汝

按：「言下」，單疏本、九行本、蒙古本、關西本、十行本（元）、靜嘉堂本（正德）、劉本（正德）、永樂本、閩本、明監本、毛本同；八行本作「云同心」；八行乙本作「下言」，足利本同。《考文》云：「〔宋板〕『言下』作『下言』。」阮記云：「『言下』二字宋板倒，是也。」盧記同。案八行本「故云同心見汝」六字，「故云同」三字為刻印，「心見汝」三字為墨筆寫入。案文義，《傳》文云「湯有明德在天，見汝情，下罰汝」，是湯自上而下見汝情，故疏文云「故言下見汝」。從單疏本等作作「言下」是。八行乙本「下言見汝」四字占五格，顯是後印時所改。

55. 頁十三左　是反父祖之行

按：「父祖」，八行本、八行乙本、足利本、九行本、蒙古本、關西本、

十行本（元）、靜嘉堂本（正德）、劉本（正德）、永樂本、閩本、明監本、毛本、李本、王本、監圖本、岳本同。阮記云：「『父祖』二字纂傳倒，與《疏》合。」盧記同。檢敦煌殘卷二六四三號作「父祖」，與傳世刊本相合。檢唐人所寫岩崎本作「祖父」，與孔穎達疏文「是汝反祖父之行」所據之本相合。今仍從傳世刊本作「父祖」。

56. 頁十三左　戎在良反又士良反

按：「士」，靜嘉堂本（正德）、劉本（正德）、閩本、明監本、毛本同；九行本作「七」，蒙古本、關西本、十行本（元）、永樂本、王本、監圖本、岳本同。《正字》云：「『七』誤『士』。」盧記云：「案：『士』當作『七』。」案十行本作「七」原不誤，靜嘉堂本、劉本正德補板誤作「士」，蓋補板時刻誤。

57. 頁十四右　但念貝玉而已

按：「念」，八行本、八行乙本、足利本、九行本、蒙古本、關西本、十行本（元）、靜嘉堂本（元）、劉本（嘉靖）、永樂本、閩本、明監本、毛本、李本、王本、監圖本、岳本皆同。《考文》云：「〔古本〕『念』下有『貝』字。」阮記云：「『念』下古本有『具』字，與《疏》合。」盧記同。檢敦煌殘卷二六四三號、岩崎本「念」下有「具」字，與孔穎達疏文「但念具貝玉而已」所據之本相合，疑《傳》文當有「具」字是。

58. 頁十四右　乃祖先父丕乃告我高后曰

按：「先」，八行本、八行乙本、足利本、九行本、蒙古本、關西本、十行本（元）、靜嘉堂本（元）、劉本（嘉靖）、永樂本、李本、王本、岳本、唐石經、白文本同；閩本作「乃」，明監本、毛本、監圖本同。阮記引文「乃祖乃父丕乃告我高后曰」，云：「『乃父』，唐石經、十行、纂傳俱作『先父』。陸氏曰：『我高后』，本又作『乃祖乃父』。按：段玉裁云：別本是也。當『乃祖乃父丕乃告』句絕，『乃祖乃父曰作丕刑於朕孫』句絕，『迪高后丕乃崇降不詳』句絕。說詳《尚書撰異》。」盧記引文「乃祖先父丕乃告我高后曰」，云：「唐石經、纂傳同。毛本『先父』作『乃父』。陸氏曰：『我高后』本又作『乃祖乃父』。按：段玉裁云：別本是也。當『乃祖乃父丕乃告』句絕，『乃

祖乃父曰作丕刑於朕孫』句絕，『迪高后丕乃崇降不詳』句絕。說詳《尚書撰異》。」檢敦煌殘卷二六四三號、岩崎本作「先」，與唐石經相合。今仍從唐石經作「先」。

59. 頁十四左　亂治至其貪

按：「亂」，十行本（元）、靜嘉堂本（元）、劉本（嘉靖）、永樂本同；單疏本「亂」上有「傳」字，八行本、八行乙本、足利本、九行本、蒙古本、關西本、閩本、明監本、毛本同。阮記引文「傳亂治至其貪」，云：「十行本脫『傳』字。」盧記引文「亂治至其貪」云：「案：『亂』上當有『傳』字。」案「亂治」至「其貪」為《傳》文，按例，疏文標目當有「傳」字是。

60. 頁十五右　我乃以汝徙

按：「乃」，九行本、蒙古本、十行本（元）、靜嘉堂本（元）、劉本（嘉靖）、永樂本、閩本、明監本、毛本同；八行本作「用」，八行乙本、足利本、關西本、李本同。《考文》云：「〔古本〕『乃』作『用』，宋板同。」阮記云：「乃，古本、宋板俱作『用』。」盧記同。檢敦煌殘卷二六四三號、岩崎本作「用」，與八行本等相合。又案經文云「予將試以汝遷」，則《傳》文以「用」訓「試」也，又疏文云「我將用以汝遷」，則《傳》文作「用」是。

61. 頁十五右　汝羣臣臣分輩相與計謀念

按：「臣」，單疏本、八行本、八行乙本、足利本、九行本、蒙古本、關西本、十行本（元）、靜嘉堂本（元）、劉本（嘉靖）、永樂本、閩本同；明監本作「當」，毛本同。阮記引文「汝羣臣當分輩相與計謀念」，云：「當，十行本、閩本俱誤作『臣』。」盧記引文「汝羣臣臣分輩相與計謀念」，云：「閩本同。毛本下『臣』字當作『當』。是也。」孔穎達疏文此處原文作何，難以斷定，存之待考。

62. 頁十五右　長立汝使汝在位

按：「汝」，九行本、蒙古本、關西本、十行本（元）、靜嘉堂本（元）、劉本（嘉靖）、永樂本、閩本、明監本、毛本同；單疏本「汝」下有「家」字，八行本、八行乙本、足利本同，《要義》所引亦同。《考文》云：「〔宋板〕

『立汝』下有『家』字。」阮記云：「宋板下有『家』字。」盧記同。案八行本《傳》文云「我用以汝徙，長立汝家」，則疏文當從單疏本、八行本等有「家」字為是。

63. 頁十五左　　恐越於下

按：「越」，九行本、蒙古本、十行本（元）、靜嘉堂本（元）、劉本（嘉靖）、永樂本、閩本同；單疏本「越」上有「隕」字，八行本、八行乙本、足利本、關西本、明監本、毛本同，《要義》所引亦同。阮記引文「恐隕越於下」，云：「十行、閩本俱脫『隕』字。」盧記引文「恐越於下」，云：「閩本同。毛本『恐』下有『隕』字。」案上疏文云「故以顛為隕越」，則此處「越」上當有「隕」字。九行本、蒙古本、十行本皆闕「隕」字，疑南宋建陽坊間所刻宋十行本已闕「隕」字。

64. 頁十六左　　徙以為之極

按：「徙」，八行本、八行乙本、足利本、九行本、蒙古本、關西本、十行本（元）、靜嘉堂本（元）、劉本（嘉靖）、永樂本、閩本、明監本、毛本、李本、王本、監圖本、岳本皆同。《考文·補遺》云：「〔古本〕『徙』上有『今』字。」阮記云：「『徙』上古本有『今』字。」檢敦煌殘卷伯二五一六號、伯二六四三號、岩崎本「徙」上無「今」字，與傳世刊本相合。檢內野本「徙」上有「今」字，「今」字旁有小字批校「或無」，似是內野本謂其它古本無「今」字。又案疏文云「故徙以為之中也」，則孔穎達所據之本應無「今」字，今仍以傳世刊本無「今」字為是。

65. 頁十八左　　相助慮也俱訓為慮

按：兩「慮」字，單疏本、八行本、八行乙本、足利本、九行本、蒙古本、關西本、十行本（元）、靜嘉堂本（元）、劉本（嘉靖）、永樂本、閩本、明監本、毛本皆同。《正字》引文「又云，相，助，勴也」，云：「『勴』誤『慮』，下『俱訓為慮』同。」阮記云：「兩『慮』字，浦鏜以為俱『勴』之誤。」盧記同。檢《四部叢刊》影印宋刻本郭注《爾雅·釋詁》云「詔相導，左右助勴也」。又《說文》「勴」下云：「助也。」則浦說是也。作「勴」、作「勴」皆可，作「慮」則非。

卷 十

1. 頁一右　經求之於野

按：「經」，十行本（元）、靜嘉堂本（元）、劉本（嘉靖）、永樂本、閩本、明監本同；八行本「經」下有「營」字，八行乙本、足利本、九行本、蒙古本、關西本、毛本、李本、王本、監圖本、岳本同。「野」，十行本、靜嘉堂本（元）、劉本（嘉靖）、永樂本、閩本、明監本同；八行本「野」上有「外」字，足利本、九行本、蒙古本、關西本、毛本、李本、王本、監圖本、岳本同。《正字》引文「經營求之於外野」，云：「案：監、閩、葛諸本無『營』、『外』二字，疑衍。」阮記引文「經營求之於外野」，云：「十行、閩、監、葛本俱脫『營』字、『外』字。按：岳本作『兌』，音悅，注及下篇同。」盧記引文「經求之於野」，云：「閩本、明監本、葛本同。岳本、纂傳『經』下有『營』字，『野』上有『外』字。毛本同。」案疏文云「經營求於外野」，則《傳》文有「營」「外」二字為是。

2. 頁二右　惟恐德弗類

按：「惟」，十行本（元）、靜嘉堂本（元）、劉本（嘉靖）、永樂本、閩本、明監本、王本同；八行本作「台」，八行乙本、足利本、九行本、蒙古本、關西本、毛本、李本、監圖本、岳本、唐石經、白文本同。《正字》引文「惟恐德弗類」，云：「惟，毛本誤『台』。案：今本皆作『台』。」阮記引文「台恐德弗類」，云：「台，葛本、十行、閩、監、纂傳俱作『惟』。按：唐石經、岳本俱作『台』。」阮記引文「惟恐德弗類」，云：「葛本、明監本、纂傳

同。唐石經、岳本、毛本『惟』作『台』。」檢敦煌殘卷伯二六四三號、岩崎本、內野本作「台」。檢敦煌殘卷伯二五一六號作「●」。案唐石經經文云「王庸作書以誥曰，以台正于四方，台恐德弗類，茲故弗言」，陸德明《經典釋文》云「台音怡」。然諸本孔《傳》則云「我政四方，恐德不善，此故不言」，可知孔《傳》未釋「台」字。又敦煌殘卷伯二五一六號作「●恐德弗類」，疑其即是認為「台」字衍，遂墨筆圈之，以示當刪也。經文作「惟」或是作「台」，或當無字，今存疑待考。

3. 頁二左　曰云我徒也

按：「曰」，九行本、蒙古本、關西本、十行本（元）、靜嘉堂本（元）、劉本（嘉靖）、永樂本、閩本、明監本、毛本同；單疏本作「口」；八行本作「且」，八行乙本、足利本同，《要義》所引亦同。《考文》引文「而來，曰云我徒也」，云：「〔宋板〕『曰』作『且』。」阮記云：「曰，宋板作『且』。」盧記同。案文義，「且」表同時之義也，作「且」是。作「曰」則與「云」語義重複。當從八行本、足利本、《要義》作「且」。

4. 頁三右　不使人瞑眩憒亂

按：「憒」，單疏本、八行本、八行乙本、足利本、九行本、蒙古本、關西本、十行本（元）、靜嘉堂本（元）、劉本（元）、永樂本同、閩本、明監本、毛本皆同。阮記、盧記皆無說，浦鏜疑「憒」當作「慣」。浦說是，詳見下一則考證。

5. 頁三右　先使人瞑眩憒亂

按：「憒」，單疏本、八行本、八行乙本、足利本、九行本、蒙古本、關西本、十行本（元）、靜嘉堂本（元）、劉本（元）、永樂本、閩本、明監本、毛本皆同。《正字》云：「『憒』當『慣』字誤。」阮記云：「浦鏜云：『憒』當『慣』字誤。○按：上云瞑眩者令人憒悶之意也，此因彼而誤。」盧記同。案文義，「慣」字是，慣者，亂也。以藥攻病，則先使人憒亂，其後病乃得愈。作「慣」是，浦說是。

6. 頁三右　猶王官之伯

按：「之」，單疏本、八行本、八行乙本、足利本、九行本、蒙古本、關

西本、十行本（元）、靜嘉堂本（元）、劉本（嘉靖）、永樂本、閩本、明監本同，《要義》所引亦同；毛本作「宗」。《正字》云：「之，毛本誤『宗』。」阮記引文「猶王官宗伯」，云：「宗，十行、閩、監俱作『之』。」盧記引文「猶王官之伯」，云：「閩本、明監本同。毛本『之』作『宗』。」諸本孔穎達疏文作「猶王官之伯，率領諸侯也」，唯毛本「之」作「宗」。檢南宋刊巾箱本《毛詩詁訓傳·長發》，鄭《箋》云「王官之伯，出長諸侯，其威武之盛烈」。據此，作「之」是，毛本作「宗」誤。

7. 頁三右　師長之言亦通有

按：「有」，九行本、關西本、十行本（元）、靜嘉堂本（元）、劉本（嘉靖）、永樂本、閩本、明監本、毛本同；單疏本「有」下有「士」字，八行本、八行乙本、足利本、蒙古本同。《考文》云：「宋板『有』下有『士』字。」阮記云：「『有』下宋板有『士』字。」盧記同。案文義，后王君公，人主也；大夫師長，人臣也。大夫以下分職不同，各有其長，故以師長言之。疏文是謂，若言三公，則君公之內包之；若言卿，則大夫之文兼之；若言師長，亦通有士。「有」字之下當有「士」字。

8. 頁四左　於下無不聞見除其所惡納之於善雖復運有推移道有升降其所施為未嘗不法天也臣敬順而奉之奉即上文承也奉承君命而布之於民民以從上為治不從上命則亂故從乂也

按：阮本此處傳疏文字混為一段，九行本、關西本、十行本（元）、靜嘉堂本（元）、劉本（嘉靖）、永樂本、閩本、明監本、毛本同；單疏本不混，八行本、八行乙本、足利本、蒙古本同。《考文》云：「憲，法也。言聖王法天以立教。於下無不聞見。除其所惡，納之於善。雖復運有推移，道有升降。其所施為，未嘗不法天也。臣敬順而奉之。奉即上文承也。奉承君命而布之於民。民以從上為治。不從上命則亂故從乂也。謹按：此注圍《疏》混於《注》者也，校古本、宋板作『憲，法也。言聖王法天以立教，臣敬順而奉之，民以從上為治』。但古本『為治』下有『也』字。今錄宋板疏文於下⋯⋯」阮記引文「憲法也」，云：「按：此段，今本將《疏》混入《注》中。山井鼎據古本、宋板正誤補闕。今錄於下：傳：憲，法也。言聖王法天以立教，臣敬順而奉之，民以

從上為治。疏：傳『憲法』至『為治』。正義曰：憲，法也，《釋詁》文。人之聞見在於耳目。天無形體，假人事以言之。聰，謂無所不聞。明，謂無所不見。惟聖人於是法天。言法天以立教，於下無不聞見。除其所惡，納之於善。雖復運有推移，道有升降，其所施為，未嘗不法天也。臣敬順而奉之，奉即上文承也。奉承君命而布之於民，民以從上為治，不從上命則亂，故從又也。○按：岳本、纂傳俱與古本同。」盧記同。案九行本、關西本、十行本此處皆將疏文混入《傳》文之中，疑南宋建陽坊間所刻宋十行本已有此誤。

9. 頁五右　經傳之無鎧與兜鍪

按：「之」，九行本、蒙古本、關西本、十行本（元）、靜嘉堂本（元）、劉本（嘉靖）、永樂本、閩本、明監本、毛本同；單疏本「之」下有「文」字，八行本、八行乙本、足利本同，《要義》所引亦同。《考文》云：「宋板『之』下有『文』字。」阮記云：「『之』下宋板有『文』字是也。」盧記同。案文義，此疏是謂經文只云「甲冑」，而無「鎧」與「兜鍪」，蓋秦漢以來之甲冑材料始用鐵取代犀兕。有「文」字是。

10. 頁五右　則人為背之

按：「為」，九行本、十行本（元）、靜嘉堂本（元）、劉本（嘉靖）、永樂本、閩本、明監本、毛本同；單疏本作「違」，八行本、八行乙本、足利本、蒙古本、關西本同，《要義》所引亦同。《考文》云：「〔宋板〕『為』作『違』。」阮記云：「為，宋板作『違』是也。」盧記同。案下疏云「伐之無罪，則人叛違」，則此處當以「違」字是。

11. 頁六右　故傳總云事神禮煩亂而難行

按：「煩」，十行本（元）、靜嘉堂本（元）、劉本（元）、永樂本、閩本、明監本、毛本同；單疏本「煩」下有「則」字，八行本、八行乙本、足利本、九行本、蒙古本、關西本同，《要義》所引亦同。《考文》云：「〔宋板〕『煩』下有『亂』字。」《正字》引文「故傳總云，事神禮煩，則亂而難行」，云：「脫『則』字。」阮記云：「『煩』下，宋板有『則』字。按：有『則』字與注合。」盧記同。檢諸本《傳》文云「事神禮煩，則亂而難行」，故而當從單疏本等有「則」字為是，阮記所言是。

12. 頁六左　非知之艱行之惟艱

按：兩「艱」字，八行本、八行乙本、足利本、九行本、蒙古本、關西本、十行本（元）、靜嘉堂本（元）、劉本（元）、永樂本、閩本、明監本、毛本、李本、王本、監圖本、岳本、唐石經、白文本皆同。《考文・補遺》云：「〔古本〕『艱』皆作『難』，注同。」阮記云：「兩『艱』字，古本俱作『難』，下『不艱』同。」盧記同。兩「艱」字，敦煌殘卷伯二五一六號、伯二六四三號皆同；岩崎本上「艱」作「難」。今仍以唐石經為正，皆作「艱」。

13. 頁六左　王忱不艱

按：「艱」，八行本、八行乙本、足利本、九行本、蒙古本、關西本、十行本（元）、靜嘉堂本（元）、劉本（元）同、永樂本、閩本、明監本、毛本、李本、王本、監圖本、岳本、唐石經、白文本皆同。檢敦煌殘卷伯二五一六號、伯二六四三號、岩崎本作「艱」，與唐石經及傳世刊本皆合，今仍以「艱」為正。

14. 頁七左　言曰有所益

按：「曰」，單疏本、八行本、八行乙本、足利本、九行本、蒙古本、關西本、十行本（元）、靜嘉堂本（元）、劉本（嘉靖）、永樂本同；閩本作「日」，明監本、毛本同。阮記引文「言日有所益」，云：「日，十行本誤作『曰』。」盧記引文「言曰有所益」，云：「毛本『曰』作『日』，是也。」案文義，常學則其德脩漸進而不自覺，是言日有所益，故漸進而不能自知。作「日」是。

15. 頁八右　故此為解

按：「此為」，單疏本、八行本、八行乙本、足利本、九行本、蒙古本、關西本、十行本（元）、靜嘉堂本（元）、劉本（元）、永樂本、閩本、明監本、毛本皆同，《要義》所引亦同。《正字》云：「『此為』二字當誤倒。」阮記云：「浦鏜云：『此為』二字當誤倒。」盧記同。或當乙作「為此」較勝，浦說是。

16. 頁八左　功至大天

按：「大」，八行本、八行乙本、足利本、蒙古本、關西本、十行本（元）、靜嘉堂本（元）、劉本（元）、永樂本、閩本、明監本、李本、岳本同；九行

本作「于」，毛本、王本、監圖本同。《考文・補遺》引文「至于天」，云：「〔古本〕『于』作『大』。宋板同。」《正字》云：「大天，毛本誤『于天』。」阮記引文「功至于天」，云：「于，古本、岳本、葛本、宋板、十行、閩、監、纂傳俱作『大』。」盧記引文「功至大天」，云：「古本、岳本、葛本、宋板、閩本、明監本、纂傳同。毛本『大』作『于』。」檢敦煌殘卷伯二五一六號、伯二六四三號、岩崎本作「大」，與八行本等相合。案文義，經文云「格于皇天」，《傳》文當以「功至大天」是，「皇」者，大也，大天即皇天也，綜上，作「大」是，作「于」則誤。

17. 頁八左　以訓道諫王

按：「訓道」，八行本、八行乙本、足利本、九行本、蒙古本、關西本、十行本（元）、靜嘉堂本（元）、劉本（元）、永樂本、閩本、明監本、毛本、李本、王本、監圖本、岳本皆同。《正字》云：「『訓道』疑誤倒，或『以訓』字倒。」阮記云：「浦鏜云：『訓道』二字疑誤倒，或『以訓』二字倒。○按：下《傳》云『遂以道訓諫王，則此『訓道』二字誤倒明矣。纂傳『道』作『導』，亦誤。』」盧記同。檢敦煌殘卷伯二五一六號、內野本作「訓道」，岩崎本作「訓導」。作「訓道」由來已久，或不可從阮記輕改。今仍從八行本等作「訓道」。

18. 頁九右　故序言祭成湯升鼎耳以足以

按：「以」，十行本（元）、靜嘉堂本（元）、劉本（元）、永樂本、閩本、明監本同；單疏本作「之」，八行本、八行乙本、足利本、九行本、蒙古本、關西本、毛本同。阮記引文「故序言祭成湯升鼎耳以足之」，云：「之，十行、閩、監俱誤作『以』。」盧記引文「故序言祭成湯升鼎耳以足以」，云：「閩本、明監本同。毛本下『以』字作『之』，是也。」案文義，言「祭成湯」「升鼎」，則知祭何廟，亦知飛雉鳴叫何處，是足之也。作「之」是。

19. 頁九左　釋天文云

按：「文」，十行本（元）、靜嘉堂本（元）、劉本（元）、永樂本、閩本、明監本同；單疏本作「又」，八行本、八行乙本、足利本、九行本、蒙古本、關西本、毛本同，《要義》所引亦同。《考文》引文「釋文又云」，云：「〔宋

板〕『文』作『天』。」《正字》引文「釋天又云，夏曰復胙。郭璞云未見義所出」，云：「脫『義』字。『又』，監本誤『文』。」阮記引文「釋文又云」，云：「『文』字誤見上。又十行、閩、監俱誤作『文』。」盧記同。案上疏云「釋天云繹」，則此處當是「釋天又云」，作「又」是。

20. 頁十左　　天道其如其所言

按：「其」，十行本（元）、靜嘉堂本（元）、劉本（元）、永樂本、閩本、明監本同；八行本作「我」，八行乙本、足利本、九行本、蒙古本、關西本、毛本、李本、王本、監圖本、岳本同。《正字》云：「『我』，監本誤『其』。」阮記引文「天道其如我所言」，云：「我，葛本、十行、閩、監俱誤作『其』。」盧記引文「天道其如其所言」，云：「葛本、閩本、明監本俱同，毛本次『其』字作『我』。」檢敦煌殘卷伯二五一六號、敦煌殘卷伯二六四三號、岩崎本作「我」，與八行本等相合。作「我」字是，「我」指祖己。

21. 頁十一右　　祀無豐于昵

按：「昵」，八行本、八行乙本、足利本、九行本、蒙古本、關西本、十行本（元）、靜嘉堂本（元）、劉本（元）、永樂本、閩本、明監本、毛本、李本、王本、監圖本、岳本、唐石經、白文本皆同。阮記云：「按：《羣經音辨》尸部云：尼，近也，乃禮切。《書》『祀無豐于尼』，又女乙切，考《疏》引爾疋亦是『尼』字，《疏》又云『尼』與『昵』音義同，此但明『尼』、『昵』同字，非經文作『昵』。」盧記同。檢敦煌殘卷伯二五一六號作「迟」，當為誤字。又檢敦煌殘卷伯二六四三號、岩崎本作「尼」，與孔穎達疏文「尼為近也，尼與昵音義同」所據之本相合。檢靜嘉堂所藏內野本作「昵」，與唐石經及唐石經以下之本相合。

22. 頁十一右　　是胤德威嗣

按：「德」，九行本、關西本、十行本（元）、靜嘉堂本（元）、劉本（元）、永樂本同；單疏本作「得」，八行本、八行乙本、足利本、蒙古本、閩本、明監本、毛本同。阮記引文「是允得為嗣」，云：「得，十行本誤作『德』。」盧記引文「是允德為嗣」，云：「諸本『德』皆作『得』。『德』字誤也。」案文義，「胤」「嗣」俱可訓作「繼」，是「胤」得為「嗣」字之義也。作「得」是。

23. 頁十一右　即兄也

按：「兄」，十行本（元）、靜嘉堂本（元）、劉本（元）同；單疏本作「尼」，八行本、八行乙本、足利本、九行本、蒙古本、關西本、永樂本、閩本、明監本、毛本同。阮記引文「即尼也」，云：「尼，十行本誤作『兄』。」盧記引文「即兄也」，云：「諸本『兄』作『尼』。『尼』字是也。形近之譌。」疏文是釋「尼」「昵」，而與「兄」無涉，阮記言是，「兄」字顯為「尼」字之訛。

24. 頁十一右　自立君以主之

按：「自」，十行本（元）、靜嘉堂本（元）、劉本（元）、永樂本、閩本、明監本、毛本同；單疏本無「自」字，八行本、八行乙本、足利本、九行本、蒙古本、關西本同。《考文》引文「自立君以主之」，云：「宋板無『自』字。」《正字》引文「烝民不能自治自立君以主之」，云：「下『自』字衍，從《通解》校。」阮記云：「宋板無『自』字。按：《儀禮通解》引亦無『自』字。」盧記同。案文義，民無君則不能自治，故立君以主之。十行本等「立」字為衍文。阮記言是。

25. 頁十二右　西伯戡黎西伯既戡黎

按：「伯」，八行本、八行乙本、足利本、九行本、蒙古本、關西本、十行本（元）、靜嘉堂本（元）、劉本（元）、永樂本、閩本、明監本、毛本、李本、王本、監圖本、岳本、唐石經、白文本皆同。阮記、盧記皆無說。然阮記引上經文「作西伯戡黎」，云：「陸氏曰：『伯』亦通作『柏』。盧文弨云：《穆天子傳‧古今人表》『伯』通作『柏』。二字本可通用。」盧記同。敦煌殘卷伯二五一六號、伯二六四三號、岩崎本作「伯」，與唐石經及唐石經以下皆合。陸德明《經典釋文》云「『伯』亦作『柏』」，或為別本異文。

26. 頁十二左　且言西北對東為名

按：「北」，十行本（元）、靜嘉堂本（元）、劉本（元）、永樂本、閩本、明監本同；單疏本作「伯」，八行本、八行乙本、足利本、九行本、蒙古本、關西本、毛本同，《要義》所引亦同。阮記引文「且言西伯對東為名」，云：「伯，十行、閩、監俱誤作『北』。」盧記引文「且言西北對東為名」，云：「諸本『北』作『伯』。閩本、明監本同誤。」案文義，文王為西伯，非因國

在西也，以商在東，與之相對而言「西」也，遂稱西伯。作「伯」是。

27. 頁十三右　以王淫過戲迨

按：「迨」，十行本（元）、靜嘉堂本（元）、劉本（元）、永樂本同；八行本作「怠」，八行乙本、足利本、九行本、蒙古本、關西本、李本、王本、監圖本、岳本同；閩本作「逸」，明監本、毛本同。《考文》引文「淫過戲逸」，云：「〔古本〕『逸』作『怠』。宋板同。」阮記引文「以王淫過戲逸」，云：「逸，古本、岳本、宋板、纂傳俱作『怠』，十行本誤作『迨』。」盧記引文「以王淫過戲迨」，云：「古本、岳本、宋板、纂傳『迨』作『怠』，毛本作『逸』。」檢伯二五一六號、伯二六四三號、岩崎本作「怠」，與八行本等相合。案文義，怠者，惰也，慢也，正是淫過戲怠。作「怠」是，作「迨」則誤。閩本等作「逸」則是臆改，無版本依據。

28. 頁十三右　以紂自絕先

按：「先」，十行本（元）、靜嘉堂本（元）、劉本（元）、永樂本、閩本、明監本同；下有「王」字，八行本、八行乙本、足利本、九行本、蒙古本、關西本、毛本同。《正字》引文「以紂自絕先王，故天亦棄之」，云：「監本脫『王』字。」阮記引文「以紂自絕先王」，云：「十行、閩、監俱脫『王』字。」盧記引文「以紂自絕先」，云：「閩本、明監本同。毛本『先』下有『王』字，正與岳本同。」案上疏文云「明紂自絕，然後天與先王棄絕之」，則此處亦當有「王」字。十行本等闕漏「王」字。

29. 頁十三右　動昔違法

按：「昔」，十行本（元）、靜嘉堂本（元）、劉本（元）同；單疏本作「皆」，八行本、八行乙本、足利本、九行本、蒙古本、關西本同；永樂本作「背」；閩本作「悉」，明監本、毛本同。《考文》引文「動悉違法」，云：「宋板『悉』作『皆』。」阮記引文「動悉違法」，云：「悉，宋板作『皆』。十行本誤作『昔』。」盧記引文「動昔違法」，云：「宋板『昔』作『皆』，岳本作『悉』。案：『悉』字是也。毛本不誤。」案文義，所行不蹈循常法，即動皆違法也。作「皆」是，作「昔」字則文義不通。閩本等改「昔」作「悉」，無版本依據。永樂本作「背」，或是張氏影刻時誤「昔」作「背」。

30. 頁十四右　交錯是渾亂以義

　　按:「以」,十行本(元)、靜嘉堂本(元)、劉本(元)、永樂本、閩本、明監本同;單疏本作「之」,八行本、八行乙本、足利本、九行本、蒙古本、關西本、毛本同。阮記引文「交錯是渾亂之義」,云:「之,十行、閩、監俱作『以』。」盧記引文「交錯是渾亂以義」,云:「閩本、明監本同。毛本『以』作『之』。案:『以』字誤也。」案疏文是以「渾亂」解「交錯」也,則交錯即是渾亂之義。作「之」是。

31. 頁十六左　我乃顛隮

　　按:「隮」,八行本、八行乙本、足利本、九行本、蒙古本、關西本、十行本(元)、靜嘉堂本(元)、劉本(嘉靖)、永樂本、閩本、明監本、毛本、李本、監圖本、岳本、唐石經、白文本皆同;王本闕葉。《考文》引文「王子弗出,我乃顛隮」,云:「古本『弗』作『不』,『隮』作『隕』。」阮記云:「隮,古本作『隕』。」盧記同。檢敦煌殘卷伯二五一六號作「濟」,「濟」應是「隮」字抄誤。敦煌殘卷伯二六四三號作「㜭」,岩崎本作「㞳」,內野本作「隓」,皆為「隮」字之俗寫。檢山井鼎所據足利學校藏本《古文尚書》作「隕」,此「隕」當為「隓」字或是「隮」字轉寫之誤,形近而訛也,足利學校藏古本《古文尚書》不可盡信。

32. 頁十七右　我又下視殷民所用為治者民皆讎怨斂聚之道也

　　按:「者民」,單疏本、八行本、八行乙本、足利本、九行本、蒙古本、關西本、十行本(元)、靜嘉堂本(元)、永樂本、閩本同;明監本作「民者」,毛本同。《考文‧補遺》引文「為治民者皆讎怨」,云:「〔宋板〕『民者』作『者民』。」阮記引文「我又下視殷民所用為治民者皆讎怨斂聚之道也」,云:「『民者』二字,宋板、十行本、閩本俱倒。盧文弨云:『民』字衍文。」盧記引文「我又下視殷民所用為治者民皆讎怨斂聚之道也」,云:「宋板、閩本同。毛本『者民』二字倒。盧文弨云『民』字衍文,是也。」案文義,作「者民」或不誤,前疏云殷民攘竊犧牷牲而不得罪,是政之亂也,今殷下視其民,用以為治之人皆重賦於民,民皆讎怨重斂之道。是殷之上下皆有罪也。作「者民」或不誤。

33. 頁十七左　安得默而不呼

按：「呼」，單疏本作「言」，八行本、八行乙本、足利本、九行本、蒙古本、關西本、十行本（元）、靜嘉堂本（元）、劉本（嘉靖）、永樂本、閩本、明監本、毛本皆同，《要義》所引亦同。阮記引文「安得默而不言」，云：「言，十行本誤作『呼』。」盧記引文「安得默而不呼」，云：「毛本『呼』作『言』，是也。」劉本此葉為嘉靖補板，仍作「言」，不誤。存世之印本似已無更晚於嘉靖補板葉面者，且嘉靖補板為新刻板葉，短期之內不必更換板葉，且刻「言」作「呼」，改是為非，實可疑也。今案疏文雙行小字，「言」字左側有疏文「父師呼微子為王」，「呼」「言」二字並列，故阮本、阮記有此誤識。綜上所述，此屬阮本誤識底本文字，阮記誤校，似無更晚印版作「呼」者。

卷十一

1. 頁一右　至嗣位至卒

按：「至」，十行本（元）、靜嘉堂本（元）、劉本（嘉靖）、永樂本、閩本同；單疏本作「則」，八行本、八行乙本、足利本、九行本、蒙古本、關西本同，《要義》所引亦同；明監本作「自」，毛本同。《考文》引文「自嗣位至卒」，云：「宋板『自』作『則』。謹按：正德、嘉靖二本『自』作『至』，萬曆、崇禎本作『自』。宋板為愈。」阮記引文「自嗣位至卒」，云：「自，宋板作『則』，十行、正、嘉、閩本俱作『至』。監本亦作『自』。山井鼎曰：宋板為愈。」案文義，《武成》云文王撫方夏惟九年，而《無逸》稱文王享國五十年，孔疏從《無逸》，則文王嗣位至卒非徒九年而已。作「則」是。

2. 頁二右　正言一月

按：「正」，十行本（元）、靜嘉堂本（元）、劉本（元）、永樂本、閩本、明監本、毛本同；單疏本作「止」，八行本、八行乙本、足利本、九行本、蒙古本、關西本同，《要義》所引亦同。《考文》引文「春止言一月」，云：「〔宋板〕『正』作『止』。」阮記云：「正，宋板作『止』。」盧記同。案文義，「誓」本當有年有春，然不言年春，止言一月者，使其互相足也。作「止」是。

3. 頁二右　武成所以解一月者

按：「解」，十行本（元）、靜嘉堂本（元）、劉本（元）、永樂本、閩本、明監本、毛本同；單疏本作「稱」，八行本、八行乙本、足利本、九行本、

蒙古本、關西本同，《要義》所引亦同。《考文》引文「武成所以解一月者」，云：「〔宋板〕『解』作『稱』。」阮記云：「解，宋板作『稱』。按：『解』字非也。」盧記同。案文義，上疏云「《武成》經言一月」，此處是釋《武成》為何稱「一月」而不稱「正月」。作「稱」是。

4. 頁二右　王無二王

　　按：「王」，十行本（元）、靜嘉堂本（元）、劉本（元）、永樂本同；單疏本作「土」，八行本、八行乙本、足利本、九行本、蒙古本、關西本同，《要義》所引亦同；閩本作「民」，明監本、毛本同。《考文》引文「民無二王」，云：「〔宋板〕『民』作『土』。」阮記引文「民無二王」，云：「民，宋板作『土』，十行本誤作『王』。」盧記引文「王無二王」，云：「宋板上『王』字作『主』，毛本作『民』。案：『民』字是也。」案「天無二日，土無二王」，《禮記》之言也。作「土」是。十行本等誤作「王」。閩本改作「民」，亦非。

5. 頁三右　古文泰誓伐紂事

　　按：「紂」，十行本（元）、靜嘉堂本（元）、劉本（元）、永樂本、閩本、明監本同；單疏本「紂」下有「時」字，八行本、八行乙本、足利本、九行本、蒙古本、關西本、毛本同，《要義》所引亦同。阮記引文「古文泰誓伐紂時事」，云：「十行、閩、監俱脫『時』字。」盧記引文「古文泰誓伐紂事」，云：「閩本、明監本同。毛本『事』上有『時』字。」案下疏文云「今文《泰誓》觀兵時事」，有「時」字，則此處古文《泰誓》「伐紂時事」，亦當從單疏本等有「時」字為是。

6. 頁三右　今文泰誓觀兵時事

　　按：「文」，單疏本、八行本、八行乙本、足利本、九行本、蒙古本、關西本、十行本（元）、靜嘉堂本（元）、劉本（元）、永樂本、閩本、明監本、毛本同，《要義》所引亦同。檢阮記、盧記皆無說，諸本皆作「文」，不知阮本為何於「文」字旁加圈。

7. 頁五右　使不流洫

　　按：「洫」，十行本（元）、靜嘉堂本（元）、劉本（嘉靖）、永樂本、閩

本、明監本、毛本同；九行本、蒙古本、關西本同；單疏本作「溢」，八行本、八行乙本、足利本同。《考文》引文「障澤之水使不流溢」，云：「〔宋板〕『溢』作『溢』。」阮記云：「溢，宋板作『溢』。按：『溢』字非也。」盧記同。案文義，陂障水，故水不溢。作「溢」是。十行本「溢」字墨筆寫作「溢」，非十行本刻作「溢」。

8. 頁五右　謂不服采飾

按：「不」，九行本、十行本（元）、靜嘉堂本（元）、劉本（嘉靖）、永樂本、閩本同；單疏本作「衣」，八行本、八行乙本、足利本、蒙古本、關西本、明監本、毛本同。阮記引文「謂衣服采飾」，云：「衣，十行、閩本俱誤作『不』。」盧記引文「謂不服采飾」，云：「閩本同。毛本『不』作『依』。按：所改是也。」案文義，衣服采飾過於制度，則是奢侈。作「衣」是，作「不」則前後語義矛盾。十行本「不」字墨筆寫作「衣」，非十行本刻作「衣」。

9. 頁五右　是則亦刲之義也

按：「刲」，單疏本、八行本、八行乙本、足利本、九行本、蒙古本、關西本、十行本（元）、靜嘉堂本（元）、劉本（嘉靖）、永樂本、閩本、明監本、毛本皆同。《考文》引文「是則亦刲之義也」，云：「〔宋板〕『則』作『剔』。」阮記云：「刲，宋板作『剔』是也。」盧記同。案八行本、足利本云「是剔亦刲之義也」，八行本「則」作「剔」，阮記有誤，阮本當在「則」字旁加圈，而非「刲」字。「則」字當從單疏本、八行本等作「剔」為是。

10. 頁五左　父業未就之故

按：「父」，八行本、八行乙本、足利本、蒙古本、關西本、十行本（元）、靜嘉堂本（元）、劉本（嘉靖）、永樂本、閩本、明監本、李本、王本、監圖本、岳本同；九行本作「功」，毛本同。阮記引文「功業未就之故」，云：「功，岳、葛、十行、閩、監、纂傳俱作『父』。」盧記引文「父業未就之故」，云：「岳、葛、閩本、明監本、纂傳同。毛本『父』作『功』。」案文義，武王孟津之誓，其時文王之業未就也。「父」謂文王。作「父」是。

11. 頁五左　　計當恐怖

按：「計」，單疏本、八行本、八行乙本、足利本、九行本、蒙古本、關西本、十行本（元）、靜嘉堂本（元）、劉本（嘉靖）同；永樂本作「紂」，閩本、明監本、毛本同。《考文》引文「紂當恐怖」，云：「〔宋板〕『紂』作『計』。」阮記引文「紂當恐怖」，云：「紂，宋板、十行俱作『計』。」盧記同。案文義，觀政於商，計之紂王當恐怖，而其惡不悛。單疏本等作「計」不誤。

12. 頁六左　　是我與討同罪矣

按：「討」，十行本（元）、靜嘉堂本（元）、劉本（嘉靖）同；單疏本作「紂」，八行本、八行乙本、足利本、九行本、蒙古本、關西本、劉本（嘉靖）、永樂本、閩本、明監本、毛本同。阮記引文「是我與紂同罪矣」，云：「紂，十行本作『討』，非也。」盧記引文「是我與討同罪矣」，云：「毛本『討』作『紂』，是也。」案文義，天命武王誅紂，若不誅之，則武王與紂同罪也。作「紂」是。十行本作「討」誤，嘉靖補板時改「討」為「紂」是，則阮本所據之本似無嘉靖補板葉。

13. 頁七左　　王乃徇師而誓

按：「徇」，八行本、足利本、八行乙本、九行本、蒙古本、關西本、十行本（元）、靜嘉堂本（元）、劉本（嘉靖）、永樂本、閩本、明監本、毛本、李本、王本、監圖本、岳本、白文本同；唐石經闕。阮記云：「徇，石經補缺誤作『循』。《說文》云：徇，疾也。按：依《說文》當作『徇』。」盧記云：「徇，石經補缺誤作『循』。《說文》云：徇，疾也。按：依《說文》當作『徇』。」檢諸本《傳》文云「徇，循也」，又《釋文》出「循」。然諸本疏文云「《說文》云：徇，疾也。循，行也。『徇』是疾行之意，故以『徇』為『循』也。下篇『大巡六師』義亦然也。」可見孔安國本以及陸德明本所據之本作「徇」；而孔穎達所見之本作「徇」。孔安國又以「循」釋「徇」，是「徇」乃巡行之義。然孔穎達疏稱《說文》「徇，疾也」，又稱「『徇』是疾行之意」。今檢《說文》云「徇，疾也」，則「徇師」是師疾行之意。然經文云「羣后以師畢會」，即是諸侯已盡會次孟津，師非疾行。《說文》云「徇，行示也」，正是「循」或是「巡」之義。今檢唐人所寫神田本經文作「徇」，《傳》文同，據此推測孔穎達所據之本作「徇」，故疏文有疾行之說，而後世傳寫者又多

據經傳「徇」字改疏文，至宋代，刻本之中疏文皆已作「徇」，而孔穎達疾行之說仍存。綜上所述，當是孔穎達所見之本作「徇」，疏文遂有此誤解。經傳文字皆當作「徇」，而疏文似當作「徇」。

14. 頁八右　言吉人竭日以為善

按：「竭」，八行本、八行乙本、足利本、九行本、關西本、十行本（元）、靜嘉堂本（元）、劉本（嘉靖）、永樂本、閩本、明監本、毛本同，《要義》所引亦同；蒙古本作「渴」，李本、王本、監圖本、岳本同。《正字》引文「言吉人竭日以為善」，云『渴』誤『竭』，下及音義並同，從《釋文》校。」阮記云：「竭，岳本作『渴』，與《釋文》合。下竝同。按：《說文》：㵣，欲飲也。渴，盡也。竭，負舉也。今人多亂之。此『渴』字本當作『㵣』，從俗寫作『渴』。盧文弨《按釋文》以為當讀如『渴葬』之『渴』。是也。非取『渴』盡之義，尤不當作負舉之『竭』。俗本既誤作『竭』，併《釋文》『渴苦曷反』改作『竭巨列反』，謬甚。」盧記同。檢《釋文》出「渴」，又唐人所寫神田本作「渴」，內野本亦作「渴」，作「渴」是。

15. 頁八右　竭日不足

按：「竭」，八行本、八行乙本、足利本、九行本、關西本、十行本（元）、靜嘉堂本（元）、劉本（嘉靖）、永樂本、閩本、明監本、毛本同；蒙古本作「渴」，李本、王本、監圖本、岳本同。作「渴」是，詳說見上「言吉人竭日以為善」條。

16. 頁八右　播棄犂老

按：「犂」，八行本、八行乙本、足利本、九行本、蒙古本、關西本、十行本（元）、靜嘉堂本（元）、劉本（嘉靖）、永樂本、閩本、明監本、毛本、李本、王本、監圖本、岳本、唐石經、白文本皆同。《考文·補遺》云：「〔古本〕『犂』作『黎』。注同。」阮記云：「犂，古本作『黎』。」盧記同。檢《釋文》出「犂」，又檢神田本、內野本作「犂」，與唐石經及唐石經以下皆合。檢山井鼎、物觀所據足利學校藏本《古文尚書》作「黎」，然「黎」字左側有小字「犂」，右側有小字「下同」，又此古本《傳》文亦作「黎」。據此推斷此部古本「黎」字實為轉寫之訛，故於正文之側再書「犂」字以校正之。

則山井鼎、物觀所據之古本不可盡信也。

17. 頁八右　鮐背之耇稱犁

按：「犁」，八行本、八行乙本、足利本、九行本、蒙古本、關西本、十行本（元）、靜嘉堂本（元）、劉本（嘉靖）、永樂本、閩本、明監本、毛本、李本、王本、監圖本、岳本同。作「犁」是，從經文。

18. 頁八右　酳況付反

按：「況付」，九行本、蒙古本、關西本、十行本（元）、靜嘉堂本（元）、劉本（嘉靖）、永樂本、閩本、王本、監圖本、岳本同；明監本作「許具」毛本同。《考文》引文「酳許具反」，云：「〔經典釋文〕『許』作『況』。」阮記引文「酳況具反」，云：「況具，葉本、十行本俱作『況付』，毛本作『許具』。」檢《釋文》出「酳」，云：「況付反。」仍從《釋文》作「況付」。

19. 頁八左　物在水上謂水浮

按：「水」，十行本（元）、靜嘉堂本（元）、劉本（嘉靖）、永樂本、閩本同；單疏本作「之」，八行本、八行乙本、足利本、九行本、蒙古本、關西本、明監本、毛本同。阮記引文「物在水上謂之浮」，云：「之，十行、閩本俱誤作『水』。」盧記引文「物在水上謂水浮」，云：「閩本同。毛本『水』作『之』。案：所改是也。」案文義，物在水上，謂之浮也。作「之」是，阮記言是。

20. 頁八左　日亡吾乃亡

按：「亡」，十行本（元）、靜嘉堂本（元）、劉本（嘉靖）、永樂本、閩本、明監本同；單疏本「亡」下有「矣是桀亦賊虐諫輔謂己有天命而云過於桀者殷本紀云紂剖比干觀其心」三十字，八行本、八行乙本、足利本、九行本、蒙古本、關西本、毛本同，《要義》所引亦同。《正字》云：「『日亡吾乃亡』下監本脫『矣是桀亦賊虐諫輔謂己有天命而云過于桀者殷本紀云紂剖比干觀其心』三十字」。阮記引文「日亡吾乃亡矣」，云：「自此句『矣』字起至下文『觀其心』止，凡三十字，十行、閩、監俱脫。」盧記同。浦說、阮記所考是。

21. 頁九左　予有亂臣十人

按：「臣」，八行本、八行乙本、足利本、九行本、蒙古本、關西本、十行本（元）、靜嘉堂本（元）、劉本（元）、閩本、明監本、毛本、李本、王本、監圖本、岳本、白文本同；永樂本闕葉；唐石經「亂十」旁刻小字「臣」。阮記云：「『臣』字，唐石經旁添。《石經考文提要》云：此文諸經凡四見，此與《論語·泰伯》句同。《左傳》襄公二十八年『武王有亂十人』、昭公二十有四年『余有亂十人』是也。唐石經四見，皆無『臣』字。後人於《泰誓》、《左傳》昭公二十有四年、《論語》皆旁增『臣』字。襄公二十有八年復失不增。若云唐石經脫字，不應四見皆同也。《經典釋文》於《論語》明出『予有亂十人』，注云：本或作『亂臣十人』非。是增『臣』字自《論語》別本始也。」盧記同。檢敦煌殘卷斯七九九號有「臣」字。檢唐人所寫神田本作「予有亂十人」，「亂十」旁有小字「臣」。疑唐時對有無「臣」字已有爭議。今存之待考。

22. 頁十左　此於湯

按：「此」，關西本、十行本（元）、靜嘉堂本（元）、劉本（元）同；八行本作「比」，八行乙本、足利本、九行本、蒙古本、閩本、明監本、毛本、李本、王本、監圖本、岳本同；永樂本闕葉。阮記引文「比於湯」，云：「比，十行本誤作『此』。」盧記引文「此於湯」，云：「毛本『此』作『比』。所改是也。」案諸本疏文云「是比於湯又益有光明」，則《傳》文作「比」是。阮記言是。此外，十行本「此」墨筆寫作「比」，非十行本刻作「比」也。

23. 頁十二左　二者大同

按：「大」，單疏本、八行本、八行乙本、足利本、九行本、蒙古本、關西本、十行本（元）、靜嘉堂本（元）、劉本（嘉靖）、永樂本、閩本、明監本、毛本皆同。阮記云：「大，纂傳作『本』。按：『本』字是也。」盧記同。案文義，「奇技」與「淫巧」二者，大體相同，但技據人身，巧指器物，大同而小異。作「大」是。

24. 頁十三左　若虎賁獸

按：「獸」，八行本、八行乙本（抄）、足利本、九行本、蒙古本、關西

本、十行本（元）、靜嘉堂本（正德）、劉本（正德）、永樂本、閩本、明監本、毛本、李本、王本、監圖本、岳本皆同，《要義》所引亦同。阮記云：「《史記集解》無『獸』字。」盧記同。檢敦煌殘卷斯七九九號、神田本有「獸」字，又疏文云「若虎賁走逐獸，言其猛也」，則孔穎達疏文所據之本亦當有「獸」字。今仍以有「獸」字為是。

25. 頁十四右　又下傳以百夫長為卒師

按：「師」，九行本、關西本、十行本（元）、靜嘉堂本（元）、劉本（嘉靖）、永樂本同；單疏本作「帥」，八行本、足利本、蒙古本、閩本、明監本、毛本同，《要義》所引亦同；八行乙本（抄）寫作「師」，後以朱筆圈改作「帥」。阮記引文「又下傳以百夫長為卒帥」，云：「帥，十行本誤作『師』。」盧記引文「又下傳以百夫長為卒師」，云：「毛本『師』作『帥』。所改是也。」下經文云「千夫長百夫長」，孔《傳》云「師帥，卒帥」，是百夫長為卒帥也。此處疏文作「帥」是。

26. 頁十五右　鉞以黃金飾斧

按：「鉞」，八行本、八行乙本、足利本、九行本、蒙古本、關西本、十行本（元）、靜嘉堂本（元）、劉本（嘉靖）、永樂本、閩本、明監本、毛本、李本、王本、監圖本、岳本皆同。《正字》引文「黃鉞以黃金飾斧」，云：「脫上『黃』字，從《詩疏》。」阮記云：「浦鏜云：『鉞』上脫『黃』字，從《公劉詩疏》挍。○按：《史記集解》亦無『黃』字。」盧記同。檢敦煌殘卷斯七九九號、神田本「鉞」上無「黃」字，與傳世刊本皆合。今仍以無「黃」字為是。

27. 頁十五右　傳越以至苦之

按：「越」，十行本（元）、靜嘉堂本（元）、劉本（嘉靖）、永樂本同；單疏本作「鉞」，八行本、八行乙本、足利本、九行本、蒙古本、關西本、閩本、明監本、毛本同。阮記引文「傳鉞以至苦之」，云：「鉞，十行本誤作『越』。」盧記引文「傳越以至苦之」，云：「案：『越』當作『鉞』，轉寫之譌。」案《傳》文出「鉞以黃金飾斧」，則疏文標目作「鉞」是，作「越」則誤。

28. 頁十五左　使其屬師四夷之隸

按：「師」，十行本（元）、靜嘉堂本（元）、劉本（嘉靖）、永樂本、閩本同；單疏本作「帥」，八行本、八行乙本、足利本、九行本、蒙古本、關西本、明監本、毛本同，《要義》所引亦同。阮記引文「使其屬帥四夷之隸」，云：「帥，十行、閩本俱誤作『師』。」盧記引文「使其屬師四夷之隸」，云：「閩本同。毛本『師』作『帥』，所改是也。」案「使其屬帥四夷之隸」，《周禮·師氏》之文也。此處疏文作「帥」為是。

29. 頁十五左　亦可以稱師

按：「師」，九行本、蒙古本、關西本、十行本（元）、靜嘉堂本（元）、劉本（嘉靖）、永樂本、閩本、明監本、毛本同；單疏本作「帥」，八行本、八行乙本、足利本同。《考文·補遺》引文「亦可以稱師」，云：「〔宋板〕『師』作『帥』。」阮記云：「師，宋板作『帥』，是也。」盧記同。案文義，上疏云「『長』與『帥』其義同」，故而千夫長亦可以稱「帥」。單疏本、八行本等作「帥」是。

30. 頁十六右　是庸濮西江漢之南

按：「西」，十行本（元）、靜嘉堂本（元）、劉本（嘉靖）、永樂本、閩本同；單疏本作「在」，八行本、八行乙本（抄）、足利本、九行本、蒙古本、關西本、明監本、毛本同，《要義》所引亦同。阮記引文「是庸濮在江漢之南」，云：「在，十行、閩本俱誤作『西』。」盧記引文「是庸濮西江漢之南」，云：「閩本同。毛本『西』作『在』，所改是也。」案諸本《傳》文出「庸濮在江漢之南」，則疏文亦當作「在」。

31. 頁十六右　或謂之楯

按：「楯」，單疏本、八行本、八行乙本（抄）、足利本、九行本、蒙古本、關西本、十行本（元）、靜嘉堂本（元）、劉本（嘉靖）、永樂本、閩本、明監本、毛本皆同，《要義》所引亦同。《正字》引文「楯，自關而東或謂之瞂」，云：「瞂音伐。誤『楯』。楯，《方言》作『盾』。」阮記云：「浦鏜云：楯，《方言》作『瞂』，音伐，誤作『楯』。」盧記同。檢清《抱經堂叢書》本《方言》卷九云：「盾，自關而東或謂之瞂，或謂之干，關西謂之盾。」據

此，浦說是也，此處疏文當從《方言》作「戙」為宜。

32. 頁十六左　今商王受惟婦言是用

按：「是」，八行本、八行乙本、足利本、九行本、蒙古本、關西本、十行本（元）、靜嘉堂本（元）、劉本（嘉靖）、永樂本、閩本、明監本、毛本、李本、王本、監圖本、岳本、白文本同；唐石經「言用」旁刻小字「是」。阮記云：「『是』字，唐石經旁注。按：《漢·五行志》引此經無『是』字。」盧記同。檢敦煌殘卷斯七九九號有「是」字。檢神田本無「是」字。檢內野本有「·是」字，然其「是」字旁有小字批校「扌有」，批校顯示內野本的底本無「是」字，此「是」字乃內野本抄寫時據宋刊本補入。綜上可知唐人寫本存在無「是」字之本，亦存在有「是」字之本。檢宋覆景祐本《漢書》卷二十七《五行志》云「今殷王紂惟婦言用」，無「是」字。唐石經不知緣何補刻「是」字。是否當有「是」字，唐時已有爭議，今存之待考。

33. 頁十六左　妲己所與言者貴之

按：「與言」，永樂本、閩本、明監本同；單疏本作「舉言」，八行本、八行乙本、足利本、九行本、蒙古本、關西本、十行本（元）、靜嘉堂本（元）、劉本（嘉靖）、毛本同。《正字》引文「妲己所譽者貴之」，云：「譽，監本誤分『與言』二字，毛本誤『舉言』。」阮記引文「妲己所舉言者貴之」，云：「舉，閩、監俱作『與』。按：『與言』二字乃『譽』字誤分為二也。當據《列女傳》元文正之。十行本及毛本俱作『舉言』，尤誤。」盧記同。靜嘉堂本此葉雖為元刻板葉，然此葉文字漫漶，又其「舉」字筆畫有脫落，近似「與」字。阮本之底本當為正德印本，遂刻作「與」。案下疏云「妲己之所憎者誅之」，則此處「妲己所與言者貴之」之「與言」，當作一字「譽」，浦說是也。

34. 頁十八右　弗迓克奔

按：「迓」，八行本、八行乙本（抄）、足利本、九行本、蒙古本、關西本、十行本（元）、靜嘉堂本（元）、劉本（元）、永樂本、閩本、明監本、毛本、李本、王本、監圖本、岳本、唐石經、白文本皆同。阮記云：「按：《匡謬正俗》引此經『迓』作『御』，又稱徐仙民音『禦』，是徐本亦作『御』。《疏》云：王肅讀『御』為『禦』，則孔氏所據本亦作『御』。蓋作『御』者

古文也，作『迓』者今文也。《釋文》云：馬作『禦』。《史記》同。」盧記同。檢敦煌殘卷斯七九九號作「卸」。檢神田本作「𧷤」，疑似即「卸」字。阮記言是，「御」或為古字，而唐石經或是從衛包所改今文也。

35. 頁十八左　武王伐殷往伐歸獸

按：「獸」，八行本、八行乙本（抄）、足利本、九行本、蒙古本、關西本、十行本（元）、靜嘉堂本（元）、劉本（元）、永樂本、閩本、明監本、毛本、李本、王本、監圖本、岳本、唐石經、白文本皆同，《要義》所引亦同。阮記云：「陸氏曰：獸，徐：始售反，本或作『畜』，許救反。《匡謬正俗》曰：徐仙民音畜為始售反。按：《武成》當篇云：歸馬於華山之陽，放牛於桃林之野。此與序意相承，六畜之字，本作『畜』。《尔疋》論牛馬羊豕，則在《釋畜》，論麋鹿虎豹，即在《釋獸》。若武王歸鹿放虎，可言『歸獸』。所放既是馬牛，當依『畜』字本音讀之，不得謂古文省簡，即呼為『獸』。《堯典》『鳥獸孳尾』、『鳥獸毛毨』，《旅獒》『珍禽奇獸』，皆作『獸』字，何獨《武城》一篇以『畜』為『獸』，斯不然矣。○按：作『畜』者，古文也。作『獸』者，今文也。徐、陸二本皆用古文，今本《釋文》，開寶所改，非陸氏元本，故錄顏氏說以存古文之遺。」盧記同。檢敦煌殘卷斯七九九號、神田本作「獸」。又考之疏文，云「歸馬放牛，不復乘用，使之自生自死，若野獸然，故謂之獸」，則孔穎達所據之本亦作「獸」。今仍從唐石經等作「獸」。

36. 頁十九右　月二日死魄

按：「死」，十行本（元）、靜嘉堂本（元）、劉本（嘉靖）、永樂本、閩本、明監本同；八行本「死」上有「近」字，足利本、八行乙本、九行本、蒙古本、關西本、毛本、李本、王本、監圖本、岳本同。《考文》引文「月二日近死魄」，云：「謹按：正德、嘉、萬三本脫『近』字。」《正字》引文「月二日近死魄」，云：「監本脫『近』字。」阮記引文「近死魄」，云：「十行、正德、嘉、萬、葛俱脫『近』字。」盧記同。諸家考證是，當以有「近」字是。

37. 頁二十左　而魄死明生

按：「而」，單疏本、八行本、足利本、九行本、蒙古本、關西本、十行

本（元）、靜嘉堂本（元）、劉本（元）、永樂本、閩本、明監本、毛本同；《要義》所引無「而」字。《正字》引文「而魄死明生互言耳」，云：「『而』疑衍字。阮記云：「浦鏜云：『而』疑衍字。」盧記同。案「而」字或非衍，上經云「死魄」，此經云「生明」，俱是言月初，而用「魄死」「明生」二詞，蓋互言耳。

38. 頁二十一左　由字積與誤

按：「與誤」，單疏本、八行本、八行乙本（抄）、足利本、九行本、蒙古本、關西本、十行本（元）、靜嘉堂本（元）、劉本（嘉靖）、永樂本、閩本、明監本、毛本皆同。《正字》引文「或此三當為四，由字積與誤」，云：「『與誤』字疑倒。字積，謂古『四』字作『三』，積『三』而成。」阮記云：「浦鏜云：『與誤』二字疑倒。孫志祖云：『字積』者，即積畫之說。『與誤』者，或誤寫『四』為『三』也，非倒。」孔疏原文是否作「與誤」，存之待考。

39. 頁二十二右　我文考文王克成厥勳

按：「成」，八行本、八行乙本（抄）、足利本、九行本、蒙古本、關西本、十行本（元）、靜嘉堂本（元）、劉本（嘉靖）、永樂本、閩本、明監本、李本、王本、監圖本、岳本、唐石經、白文本同；毛本作「伐」。《考文·補遺》引文「克伐厥勳」，云：「〔古本〕『伐』作『成』。」《正字》云：「成，毛本誤『伐』。」阮記引文「我文考文王克伐厥勳」，云：「伐，古本、唐石經、臨安石經、岳、葛、十行、閩、監俱作『成』，是也。」盧記引文「我文考文王克成厥勳」，云：「古本、唐石經、臨安石經、岳本、葛本、閩本、明監本並同。毛本『成』誤作『伐』。」阮記言是，毛本作「伐」誤，形近之訛也。

40. 頁二十二右　以撫綏四方中夏

按：「綏」，八行本、九行本、蒙古本、關西本、十行本（元）、靜嘉堂本（元）、劉本（嘉靖）、永樂本、閩本、明監本、毛本、王本、監圖本、岳本同；八行乙本（抄）作「安」，足利本同；李本作「緩」。《考文》引文「以撫綏四方中夏」，云：「〔古本〕下有『也』，『綏』作『安』。〔宋板〕補本同。」阮記云：「綏，古本、補本俱作『安』。」盧記同。足利本版心刻「補」字，

日本弘化年間影刻之足利本此處文字或採用某部古本之「安」字。今檢敦煌殘卷斯七九九號、神田本作「綏」，檢內野本作「安」，則唐人寫本有作「綏」者，與中土傳世刊本相合；或亦有作「安」字之本。今仍從八行本等作「綏」。

41. 頁二十二右　故大統未就

按：「統」，關西本、十行本（元）、靜嘉堂本（元）、劉本（嘉靖）、永樂本、閩本、明監本同；八行本作「業」，八行乙本（抄）、足利本、九行本、蒙古本、毛本、李本、王本、監圖本、岳本同。《考文》引文「故大業未就」，云：「〔古本〕下有『也』。謹按：正德、嘉、萬三本『業』作『統』。」《正字》云：「業，監本及葛、閩本作『統』。」阮記引文「故大業未就」，云：「業，葛本、十行、正德、嘉、萬、閩本、纂傳俱作『統』。按：岳本亦作『業』，與《疏》合。」盧記引文「故大統未就」，云：「葛本、正德本、嘉、萬本、閩本、纂傳同。岳本『統』作『業』，與《疏》合，毛本依之。」檢敦煌殘卷斯七九九號、神田本、內野本作「業」，又疏云「故云大業未就」，則《傳》文作「業」是。坊間刻本或據經文「大統」改《傳》文，非。

42. 頁二十二左　厎商之罪

按：「厎」，八行本、八行乙本（抄）、足利本、九行本、蒙古本、關西本、十行本（元）、靜嘉堂本（元）、明監本、毛本、李本、王本、監圖本、岳本、唐石經同；劉本（嘉靖）作「底」，永樂本、閩本、白文本同。《考文》引文「厎商之罪」，云：「〔古本〕『厎』作『致』。」阮記云：「厎，古本作『致』。」檢敦煌殘卷斯七九九號、神田本、內野本作「厎」，與唐石經等合，作「厎」是。而山井鼎、物觀所據足利學校藏古寫本《古文尚書》，其「致」字或是據《傳》文「致商之罪」誤改。

43. 頁二十二左　用祭事告行也

按：「事」，單疏本、八行本、八行乙本（抄）、足利本、九行本、蒙古本、關西本、十行本（元）、靜嘉堂本（元）、劉本（嘉靖）、永樂本、閩本、明監本、毛本皆同。阮記云：「事，纂傳作『祀』。」盧記同。檢南宋婺州市門巷唐宅刻本《周禮·大祝》鄭注曰：「用事亦用祭事告行也。」據此，作「事」不誤。

44. 頁二十二左　告天社山川之辭

按：「社」，八行本、八行乙本（抄）、足利本、九行本、蒙古本、關西本、十行本（元）、靜嘉堂本（元）、劉本（嘉靖）、永樂本、閩本、明監本、毛本、李本同，《要義》所引亦同；王本作「地」，監圖本、岳本同。阮記云：「社，岳本作『地』。」盧記云：「岳本『社』作『地』。」敦煌殘卷斯七九九號、神田本、內野本作「社」，與八行本等相合，作「社」是。

45. 頁二十二左　臨祭祀

按：「祀」，單疏本、八行本、八行乙本（抄）、足利本、九行本、蒙古本、關西本、十行本（元）、靜嘉堂本（元）、劉本（嘉靖）、永樂本、閩本、明監本、毛本皆同，《要義》所引亦同。阮記云：「祀，纂傳作『事』。」盧記同。檢南宋撫州公使庫刻本《禮記》卷一《曲禮下》云「臨祭祀內事曰孝」。作「祀」是。

46. 頁二十二左　暴殄天物

按：「殄」，八行本、八行乙本（抄）、足利本、九行本、蒙古本、關西本、十行本（元）、靜嘉堂本（元）、劉本（嘉靖）、永樂本、閩本、明監本、毛本、李本、王本、監圖本、岳本、唐石經、白文本皆同。《考文》引文「今商王受無道，暴殄天物」，云：「〔古本〕『無』作『亡』，『殄』作『絕』。」阮記云：「殄，古本作『絕』。」盧記同。檢敦煌本斯七九九號、神田本、內野本作「殄」。檢山井鼎、物觀所據足利學校藏古寫本《古文尚書》作「絕」，然「絕」字旁書一「殄」字，推測「絕」字為抄寫者據《傳》文「暴絕天物」誤改，而批校者又以「殄」校正之。經文云「暴殄天物」，孔《傳》直接書訓釋文字「暴絕天物」，然後再次訓釋。抄寫者不明其例，遂誤據《傳》文「暴絕天物」改經文。

47. 頁二十三右　則天物之言

按：「言」，單疏本、八行本、八行乙本（抄）、足利本、九行本、蒙古本、關西本、十行本（明初）、靜嘉堂本（明初）、劉本（明初）、永樂本、閩本、明監本、毛本皆同。阮記云：「言，纂傳作『害』。」盧記同。案疏文義，作「言」是。人亦是天物之一，經文別言「害民」者，是以人為貴。則經文「（暴殄）天物」之言，是除人而外，普謂天下百物、鳥獸草木，皆暴絕之。

48. 頁二十四右　自攻于後以北走

　　按：「于」，八行乙本、足利本、蒙古本、關西本、十行本（明初）、靜
嘉堂本（明初）、劉本（明初）、永樂本、閩本、明監本、毛本、李本、王本
同；八行本闕葉；九行本作「其」，監圖本、岳本同。阮記云：「于，岳本作
『其』。」檢敦煌殘卷斯七九九號「于」作「於」。檢內野本「于」作「於其」，
然「其」字旁加圈，並有批校「扌」，是謂此「其」字乃是據宋刊本補入，
則內野本之底本並無「其」字。又疏文云「故自攻於後以北走」，則《傳》
文作「于」字為是。

49. 頁二十四右　血流漂舂杵

　　按：「血流」，八行乙本、足利本、九行本、蒙古本、關西本、十行本（明
初）、靜嘉堂本（明初）、劉本（明初）、永樂本、閩本、明監本、毛本、李
本、王本、監圖本同；八行本闕葉；岳本作「血法」。阮記云：「流，岳本誤
作『法』。」檢敦煌殘卷斯七九九號作「血流」，與傳世刊本相合。檢內野本
作「流血」，與傳世刊本不同。

50. 頁二十四左　血流漂舂杵

　　按：「血流」，單疏本、八行乙本、足利本、九行本、蒙古本、關西本、
十行本（明初）、靜嘉堂本（明初）、劉本（明初）、永樂本同，《要義》所引
亦同；八行本闕葉；閩本作「流血」，明監本、毛本同。《考文・補遺》引文
「流血漂舂杵」，云：「宋板『流血』作『血流』。」阮記引文「流血漂舂杵」，
云：「『流血』二字，宋板倒，是也。」單疏本、足利本、九行本、十行本等
皆作「血流」。至閩本時始倒作「流血」，明監本、毛本承之。

51. 頁二十五左　列地封國

　　按：「列」，八行本、八行乙本、足利本、九行本、蒙古本、關西本、十行
本（元）、靜嘉堂本（元）、劉本（元）、永樂本、閩本、明監本、毛本、李本、
王本、監圖本、岳本皆同，《要義》所引亦同。《考文》云：「〔古本〕『列』作
『裂』。」阮記云：「列，古本作『裂』。」盧記同。檢敦煌殘卷斯七九九號、
內野本作「裂」。

52. 頁二十六　使天下厚行言

按：「言」，關西本、十行本（元）、靜嘉堂本（元）、劉本（元）、明監本同；八行本作「信」，八行乙本、足利本、九行本、蒙古本、永樂本、閩本、毛本、李本、王本、監圖本、岳本同。《考文》云：「『厚行信顯忠義』下、『而天下治』下，〔古本〕共有『也』。謹按：正德、嘉、萬三本『信』作『言』，似非。」《正字》云：「信，監本誤『言』。」阮記引文「使天下厚行信」，云：「信，葛本、十行、正、嘉、萬、閩俱作『言』。山井鼎曰：似非。○按：纂傳作『信』。」盧記引文「使天下厚行」，云：「葛本、閩本同。纂傳『言』作『信』。」檢敦煌殘卷斯七九九號作「信」，與八行本等相合。經文云「惇信明義」，《傳》文以「厚行信」釋「惇信」也。作「信」是。十行本「言」字墨筆寫作「信」，非其刻作「信」。又關西本、十行本皆誤作「言」，疑南宋建陽坊間所刻宋十行本即已誤作「言」。

卷十二

1. 頁一右　上武成序云武王伐紂

　　按：「紂」，單疏本、八行本、八行乙本、足利本、九行本、蒙古本、關西本、十行本（元）、靜嘉堂本（正德）、劉本（正德十二年）、永樂本、閩本同；明監本作「殷」，毛本同。《考文‧補遺》引文「武王伐殷」，云：「宋板『殷』作『紂』。」阮記引文「上武成序云武王伐殷」，云：「殷，宋板、十行、閩本俱作『紂』。」盧記引文「上武成序云武王伐紂」，云：「宋板、閩本同。毛本『紂』作『殷』。」檢諸本《武成》序云「武王伐殷」，明監本或據此改《洪範》疏文。

2. 頁二左　乃復佑助諧合其居業

　　按：「復」，單疏本、九行本、蒙古本、關西本、十行本（元）、靜嘉堂本（正德）、劉本（正德十二年）、永樂本、閩本、明監本、毛本同；八行本作「得」，八行乙本、足利本同，《要義》所引亦同。《考文》云：「〔宋板〕『復』作『得』。」阮記云：「復，宋板作『得』。」盧記同。案文義，天非徒賦命於任，更復佑助諧合其居業。作「復」是。單疏本作「復」不誤，而八行本合刻注疏時誤「復」作「得」。

3. 頁二左　亂陳其五行

　　按：「亂」，八行本、八行乙本、足利本、九行本、蒙古本、關西本、十行本（元）、靜嘉堂本（正德）、劉本（正德十二年）、永樂本、閩本、明監

本、毛本、李本、王本、監圖本、岳本皆同。阮記云：「《史記集解》句首有『是』字。按《疏》云『是乃亂陳其五行』，似宜有『是』字。」盧記同。檢內野本「亂」上有「是」字。然疏文「是乃亂陳其其五行而逆天道也」，是孔穎達增「是乃」二字，以暢經意，其「是」字未必來自《傳》文。孔《傳》原文是否當有「是」字，存之待考。

4. 頁三右　井陘木刊

按：「木」，單疏本、八行本、八行乙本、足利本、九行本、蒙古本、關西本、十行本（元）、靜嘉堂本（元）、劉本（嘉靖）、永樂本、閩本、明監本同；毛本作「水」。《考文》引文「井陘水刊」，云：「正誤：『水』當作『木』。」《考文·補遺》云：「宋板『水』作『木』。」阮記引文「井陘水刊」，云：「水，宋板、十行、閩、監俱作『木』。〇按：作『木』與襄二十五年《左傳》合。」盧記引文「井陘木刊」，云：「宋板、閩本、明監本同。毛本『木』作『水』。按：作『木』與襄十五年《左傳》合。」井陘木刊，謂塞井斬木。作「木」是。毛本作「水」疑是刻誤。

5. 頁三右　欲為亂也

按：「欲」，十行本（元）、靜嘉堂本（元）、劉本（嘉靖）、永樂本、閩本同；單疏本作「故」，八行本、八行乙本、足利本、九行本、蒙古本、關西本、明監本、毛本同。阮記引文「故為亂也」，云：「故，十行、閩本俱誤作『欲』。」盧記引文「欲為亂也」，云：「案：『欲』當作『故』，形近之譌。閩本同。毛本不誤。」案文義，下疏文釋何以陘洪水則亂陳其五行，則此處作「故」為是。

6. 頁三右　水失其道

按：「道」，單疏本、八行本、八行乙本、足利本、九行本、蒙古本、關西本、十行本（元）、靜嘉堂本（元）、劉本（嘉靖）、永樂本、閩本、明監本、毛本同，《要義》所引亦同。阮記云：「道，纂傳作『性』。〇按：『性』是也。」案上疏云「失水之性」，此「水失其道，則五行皆失矣」與上「失水之性」連言，則此處「道」或作「性」為宜。

7. 頁三右　畀與釋詁文

按：「與」，單疏本、八行本、八行乙本、足利本、九行本、蒙古本、關西本、十行本（元）、靜嘉堂本（元）、劉本（嘉靖）、永樂本、閩本、明監本、毛本同。《正字》云：「與，《爾雅》作『予』。」阮記云：「孫志祖云：與，《爾雅》作『予』。」盧記同。檢《四部叢刊》影印宋本《爾雅·釋詁》云「賚貢錫畀予，貺賜也」，郭注曰：「皆賜與也。」又云：「台朕賚畀卜，陽予也」，郭注曰：「賚畀卜，皆賜與也。與猶予也，因通其名耳。」《爾雅》確以「予」釋「畀」。然案孔《傳》云「畀與」，且《爾雅》郭注以「予」「與」通，又以「賜與」釋「賚」「貢」「錫」「畀」「予」等字，不可據《爾雅》改孔穎達疏文「與」作「予」。作「與」是。

8. 頁三左　劉歆以為伏羲繫天而王

按：「繫」，單疏本、八行本、八行乙本、足利本、九行本、蒙古本、關西本、十行本（元）、靜嘉堂本（元）、劉本（嘉靖）、永樂本、閩本、明監本、毛本同，《要義》所引亦同。《正字》云：「『繼』誤『繫』。」阮記云：「浦鏜云：『繼』誤『繫』。」盧記同。案諸本《顧命》疏文引作「繼」，又宋覆景祐本《漢書·五行志》云「劉歆以為慮羲氏繼天而王」，據此，作「繼」是。浦說是。

9. 頁四左　皇大至之道

按：「皇」，十行本（元）、靜嘉堂本（元）、劉本（元）、永樂本同；單疏本「皇」上有「傳」字，八行本、八行乙本、足利本、九行本、蒙古本、關西本、閩本、明監本、毛本同。阮記引文「傳皇大至之道」，云：「十行本脫『傳』字。」盧記引文「○皇大至之道」，云：「案：『○』下誤脫『傳』字。」按「皇大」至「之道」為《傳》文，按疏文例，標目當有「傳」字，阮記言是。

10. 頁六右　金之氣

按：「氣」，十行本（元）、靜嘉堂本（正德）、劉本（正德十二年）、永樂本、閩本、明監本同；八行本「氣」下有「味」字，八行乙本、足利本、九行本、蒙古本、關西本、毛本、李本、王本、監圖本、岳本同。《考文》引

文「金之氣味」，云：「謹按：正德、嘉、萬三本脫『味』字。」《考文・補遺》云：「古本『味』下有『之也』字。」《正字》引文「金之氣味」，云：「監本脫『味』字。」阮記引文「金之氣味」，云：「葛本、十行、正德、嘉、萬、閩本俱脫『味』字。《史記集解》作『金氣之味』。按：『金氣之味』，猶上言『焦氣之味』也。鹹、苦、酸、辛、甘，皆以味言，不以氣言。金之氣乃腥也，古本『味』下衍『之也』二字。」盧記引文「金之氣」，云：「嘉、萬本、閩本同，毛本『氣』下有『味』字。《史記集解》作『金氣之味』。按：『金氣之味』，猶上言『焦氣之味』也。鹹、苦、酸、辛、甘，皆以味言，不以氣言。金之氣乃腥也，古本『味』下衍『之也』二字。」十行本等顯脫「味」字。檢南宋黃善夫刻三家注本《史記・宋微子世家》云「從革作辛」，《史記集解》曰：「孔安國曰：金氣之味。」又宋淳熙十三年內府寫本《洪範政鑒》卷一《水行上》云「從革作辛」，注曰：「孔安國曰：金氣之味」，與《史記集解》所引之本同。然傳世刻本疏文標目出「傳今之氣味」，疏文又云「故辛為金之氣味」，則孔穎達所據之本作「金之氣味」，與《史記集解》《洪範政鑒》所據之本不同。孔《傳》原文作「金之氣味」或是「金味之氣」，難以斷定。

11. 頁六右　名為人之用

按：「名」，蒙古本、十行本（元）、靜嘉堂本（正德）、劉本（正德十二年）、永樂本、閩本同；單疏本作「各」，八行本、八行乙本、足利本、九行本、關西本、明監本、毛本同。阮記引文「各為人之用」，云：「各，十行、閩本俱誤作『名』。」盧記引文「名為人之用」，云：「閩本同。毛本『名』作『各』。案：所改是也。」案文義，金木水火土，其性其味皆異，為人所用，各有不同。作「各」是，阮記言是。

12. 頁六右　水火者百姓之求飲食也

按：「求」，單疏本、八行本、八行乙本、足利本、九行本、蒙古本、關西本、十行本（元）、靜嘉堂本（正德）、劉本（正德十二年）、永樂本、閩本同；明監本作「所」，毛本同。阮記引文「百姓之所飲食也」，云：「所，十行、閩本俱誤作『求』。」盧記引文「百姓之求飲食也」，云：「閩本同。毛本『求』作『所』，與岳本合。『求』字誤也。」案下疏文云「金木者，百

姓之所興作也；土者，萬物之所資生也」，則此處「水火者」，當是「百姓之所飲食也」為宜。作「所」是，阮記言是。

13. 頁六左　土成數十義亦然也

按：「亦」，單疏本、八行本、八行乙本、足利本、九行本、蒙古本、關西本、十行本（元）、靜嘉堂本（正德）、劉本（正德十二年）、永樂本、閩本、明監本、毛本同，《要義》所引亦同。阮記云：「亦，纂傳作『或』。」盧記同。今仍從單疏本、八行本等作「亦」。

14. 頁七左　言乃可從

按：「乃」，單疏本、八行本、九行本、蒙古本、十行本（元）、靜嘉堂本（元）、劉本（元）、永樂本、閩本、明監本、毛本同；八行乙本作「必」，足利本、關西本同。《考文》引文「言乃可從」，云：「〔宋板〕『乃』作『必』。」《正字》引文「貌必須恭，言必可從」，云：「下『必』字誤『乃』。」阮記引文「言乃可從」，云：「乃，宋板作『必』。按：宋板是也。」盧記同。案上疏云「貌必須恭」，下疏文云「視必當明，聽必當聰，思必當通」，則此處或作「言必可從」為宜。八行乙本、足利本、關西本作「必」是。

15. 頁九右　故教為先也

按：「教」，單疏本、八行本、九行本、蒙古本、十行本（元）、靜嘉堂本（元）、劉本（元）、永樂本、閩本、明監本、毛本同；八行乙本作「食」，足利本、關西本同。《考文》引文「食於任最急，故教為先也」，云：「〔宋板〕『教』作『食』。」《正字》云：「『教』疑『食』字誤。」阮記云：「教，宋板作『食』。按：『教』字非也。」盧記同。上文既云「食於人最急」，則此處當云「故食為先也」。作「食」是。案八行乙本乃是八行本之後印本，後印時有所修改。關西本刊刻時，或亦據當時某些文本進行修改。

16. 頁十左　何謂也對曰日月之會是謂辰

按：「也」，單疏本、八行本、八行乙本、足利本、九行本、蒙古本、關西本、十行本（元）、靜嘉堂本（元）、劉本（元）、永樂本、閩本同，《要義》所引亦同；明監本作「辰」；毛本作「也辰」。《考文·補遺》引文「辰對曰

日月之會」，云：「〔宋板〕無『辰』字。」《正字》引文「辰而莫問何謂也」，云：「下『衍』臣字。」阮記引文「何謂也辰對曰」，云：「宋板、十行、閩本俱無『辰』字。監本有『辰』字，無『也』字。」盧記引文「何謂也對曰」，云：「宋板、閩本同。明監本『也』作『辰』，毛本『也』下有『辰』字。」檢諸本《胤征》疏引曰「何謂辰？對曰：日月之會是謂辰」。又《漢書・五行志》云「何謂辰？對曰：日月之會是謂。」疑此處疏文或是「也」上當有「辰」字，或是「也」字當作「辰」。疑明監本或是據《胤征》疏文所引，或是據《漢書・五行志》而改「也」作「辰」。毛本據明監本而來，或本欲於「辰」下再補「也」字，不慎誤補於「臣」字之上。

17. 頁十左　孟秋日在翼仲秋日在角季秋日在翼仲秋日在角季秋日在房孟冬日在尾

按：「翼仲秋日在角季秋日在」，十行本（元）、靜嘉堂本（元）、劉本（元）、永樂本、閩本同；單疏本無，八行本、八行乙本、足利本、九行本、蒙古本、關西本、明監本、毛本同，《要義》所引亦無。阮記引文「仲秋日在角」，云：「此下，十行、閩本俱衍『季秋日在翼仲秋日在角』十字。」盧記引文「仲秋日在角季秋日在翼仲秋日在角」，云：「按：『季秋』下十字誤衍。」十行本衍「翼仲秋日在角季秋日在」十字，閩本承其誤。明監本刪之，是也。阮記言是。

18. 頁十二右　民戩有道

按：「戩」，八行本、八行乙本、足利本、九行本、蒙古本、關西本、十行本（元）、靜嘉堂本（元）、劉本（元）、永樂本、閩本、明監本、毛本、李本、王本、監圖本、岳本皆同。阮記云：「岳珂《九經三傳沿革例》云：『戩』字止是一『或』字，傳寫誤作『戩』爾。《疏》義強釋作『斂戩』之『戩』，此不敢改。」盧記同。檢島田本（皆據《尚書文字合編》）此字已闕；檢內野本作「戩」。又疏文釋之皆云「戩」，今仍以「戩」為是。暫未見有作它字之本。

19. 頁十二左　皆人言曰我所好者德也

按：「皆」，十行本（元）、靜嘉堂本（元）、劉本（元）、永樂本、閩本、

明監本同；單疏本作「此」，八行乙本、足利本、九行本、蒙古本、關西本、毛本同；八行本闕葉。《正字》引文「此人言曰我所好者德也」，云：「『此人言』三字疑衍文。『此』，監本誤『皆』。」阮記引文「此人言曰」，云：「此，十行、閩、監俱誤作『皆』。浦鏜云：『此人言』三字疑衍。」盧記引文「皆人言曰」，云：「閩本、明監本同。毛本『皆』作『此』。案：浦鏜云：『此人言』三字疑衍。」案《傳》文云「人曰：我所好者德」，疏文或作「此言『人曰：我所好者德』也」更勝，單疏本「人言」二字或誤倒。

20. 頁十三右　謂治受以

按：「治」，十行本（元）、靜嘉堂本（元）、劉本（元）、永樂本、閩本同；單疏本作「始」，八行乙本、足利本、九行本、蒙古本、關西本、明監本、毛本同；八行本闕葉。「以」，十行本、靜嘉堂本（元）、劉本（元）、永樂本、閩本、明監本同；單疏本作「取」，足利本、九行本、蒙古本、關西本、毛本同；八行本闕葉。《正字》引文「上句言受之，謂始受取」，云：「取，監本誤『以』。」阮記引文「謂始受取」，云：「始，十行、閩本俱誤作『治』。取，十行、閩、監俱誤作『以』。」盧記引文「謂治受以」，云：「閩本同。明監本『治』作『始』。毛本『以』改作『取』。」案文義，上經文云「不協于極，不罹于咎，皇則受之」，此處疏文是謂上句經文言「受之」，是始以取人大法受取。「治」作「始」是，「以」作「取」是。

21. 頁十四右　無偏無陂

按：「陂」，八行本、八行乙本、足利本、九行本、蒙古本、關西本、十行本（元）、靜嘉堂本（元）、劉本（元）、永樂本、閩本、明監本、毛本、李本、監圖本、岳本、唐石經、白文本同；王本此字壞爛。《考文》云：「〔古本〕『陂』作『頗』。」《正字》云：「顧氏炎武云：本作『頗』，唐明皇改『頗』為『陂』。蓋不知古人之讀『義』為『我』，而『頗』之未嘗誤也。王氏應麟云：宣和六年詔《洪範》復舊文為『頗』。然監本猶存其故。」阮記云：「陸氏曰：『陂』音『秘』，舊本作『頗』，音普多反。《唐書‧藝文志》：開元十四年，元宗以《洪範》『無頗』聲不協，詔改為『無偏無陂』。《困學紀聞》：宣和六年詔《洪範》復從舊文，以『陂』為『頗』，然監本未嘗復舊也。顧炎武曰：《呂氏春秋》引此正作『頗』，而下文有『人用側頗僻』之語，況以古

音求之，作『頗』為協。○按：『頗』、『陂』皆以『皮』為聲，《詩》云：彼澤之陂，有蒲與荷。『陂』與『荷』為韻，是『陂』、『頗』同音也。開元之改，非但不知義字之古音，并不知『陂』字之古音乃大和石經恪遵開元之詔，而紹興石經不遵宣和之詔何也。今惟足利古本尚作『頗』字。又按：《疏》云『無偏私無頗曲』，又云『偏頗阿黨是政之大患』，此在孔《疏》元本必皆作『頗』，後人據今本經文改之，而所改又復不盡耳。又按：《匡謬正俗》卷六引『無偏無陂，遵王之誼』，證『誼』字有『宜』音。此亦本作『頗』，而後人改之也。蓋顏氏亦知古韻部分與今不同，『宜』字可以韻，『頗』特未明平仄通協之例，故有此迂論耳。其注《漢書》亦多類此。」盧記同。案《新唐書‧藝文志》云：「開元十四年，玄宗以《洪範》『無偏無頗』聲不協，詔改為『無偏無陂』。」檢南宋黃善夫刻三家注本《史記‧宋微子世家》云「毋偏毋頗，遵王之義」，《史記集解》云：「孔安國曰：偏，不平。頗，不正。」檢內野本作「頗」，《傳》文同作「頗」，與《史記》及《集解》所載之本相合，與《新唐書‧藝文志》所載玄宗改定前之舊本相合。然檢《四部叢刊》影印宋刻本補配明覆宋本《舊唐書‧柳亨傳》「《書》曰：無偏無陂，遵王之意」，又清同治十二年粵東書局刻小學彙函本顏師古《匡謬正俗》卷六引曰「《書》云：無偏無陂，遵王之誼。」可見唐玄宗之前亦有作「陂」字之本。存之待考。

22. 頁十四右　言當循先王之道路

按：「循」，八行本、八行乙本、足利本、九行本、蒙古本、關西本、十行本（元）、靜嘉堂本（元）、劉本（元）、永樂本、閩本、明監本、毛本、李本、王本、監圖本、岳本皆同。檢阮記、盧記皆無說。然阮記引文「言當循先王之正義以治民」，云：「循，《史記集解》作『修』。」盧記同。是阮本誤將圈加於「言當循先王之道路」之「循」字旁。檢傳世刻本「言當循先王之正義以治民」皆同。案經文「好遵王之道」「遵王之路」，《傳》文以「循」釋「遵」較勝。《史記集解》引作「修」，似不能釋經文「遵」字之意，疑《史記集解》傳寫有誤，形近之訛，刻本承之。

23. 頁十四左　不正謂邪僻

按：「謂」，單疏本、八行本、八行乙本、足利本、九行本、蒙古本、關西

本、十行本（元）、靜嘉堂本（元）、劉本（元）、永樂本同；閩本作「為」，明監本、毛本同。《考文》引文「不正謂邪僻」，云：「〔宋板〕『為』作『謂』。」阮記引文「不正為邪僻」，云：「為。宋板、十行俱作『謂』。」上疏云「不平謂高下」，則此處亦當作「謂」為宜。

24. 頁十四左　不失其常

按：「其」，九行本、蒙古本、十行本（元）、靜嘉堂本（元）、劉本（元）、永樂本、閩本、明監本、毛本同；八行本作「是」，八行乙本、足利本、李本、王本、監圖本、岳本同；關西本印字不清。《考文》引文「不失其常」，云：「〔宋板〕『其』作『是』。」阮記云：「其，岳本、宋板俱作『是』。」盧記同。疏文云「不使失是常道」，則《傳》文作「是」是。

25. 頁十五左　臣之有作福作威玉食其害于而家凶于而國

按：「其」，八行本、八行乙本、足利本、九行本、蒙古本、關西本、十行本（元）、靜嘉堂本（元）、劉本（元）、永樂本、閩本、明監本、毛本、李本、王本、監圖本、岳本、唐石經、白文本皆同。阮記云：「按：《漢書·翟方進傳》注，師古引《周書·洪範》云：『臣之有作福作威，迺凶于迺國，害于厥躬。』若非熹平石經，即唐初孔《傳》本如是。」盧記同。檢熹平石經殘作「（上闕）家而凶于而國（下闕）」，與唐石經等基本一致，而《漢書》顏師古注文此處所引難以信據。

26. 頁十五左　在位不敦平

按：「敦」，八行本、八行乙本、足利本、九行本、蒙古本、關西本、十行本（元）、靜嘉堂本（元）、劉本（元）、永樂本、閩本、明監本、毛本、李本、王本、監圖本、岳本皆同。阮記云：「敦，《史記集解》作『端』，與《疏》異。」盧記同。檢內野本作「敦」，與傳世刊本相合。今似未見有古本如《史記集解》所引之本作「端」者，仍從八行本等作「敦」。

27. 頁十六右　變和也釋詁詁

按：「詁」，十行本（元）、靜嘉堂本（元）、劉本（元）、永樂本同；單疏本作「文」，八行本、八行乙本、足利本、九行本、蒙古本、關西本、閩

本、明監本、毛本同。阮記引文「變和也釋詁文」，云：「文，十行本誤作『詁』。」盧記引文「變和也釋詁文」，云：「案：下『詁』字當作『文』。」十行本等作「詁」顯誤，單疏本等作「文」是，阮記言是。

28. 頁十六左　曰蒙曰驛

按：「蒙」，八行本、足利本、九行本、蒙古本、關西本、十行本（元）、靜嘉堂本（元）、劉本（元）、永樂本、閩本、明監本、毛本、李本、王本、監圖本、岳本、唐石經、白文本皆同。「驛」，八行本、足利本、九行本、蒙古本、關西本、十行本（元）、靜嘉堂本（元）、劉本（元）、永樂本、閩本、明監本、毛本、李本、王本、監圖本、岳本、唐石經、白文本皆同。阮記云：「孫志祖云：案經文本作『霿』、『圛』，而《傳》讀為『蒙』、『驛』耳。孔《疏》猶作『霿』、『圛』，且云：霿，聲近蒙，圛即驛也。可證經文之作『霿』、『圛』矣。不知何時徑改經為『蒙』、『驛』，沿誤至今。幸《疏》中字多不及全改，後之學者猶可尋求是正也。○按：改作『蒙』、『驛』在唐天寶開寶時，說詳段玉裁《尚書撰異》。」盧記同。案諸本疏文出「曰雨」、「曰霽」、「曰霿」、「曰圛」、「曰克」，又疏文云「曰霿，兆氣蒙闇也」，則《傳》文「蒙陰闇」是釋經文「霿」字，非經文作「蒙」也。似當從疏文所見之本「作「霿」。阮記言是。

29. 頁十六左　氣洛驛不連屬

按：「洛」，十行本（元）、靜嘉堂本（元）、劉本（元）、永樂本同；八行本作「落」，八行乙本、足利本、九行本、蒙古本、關西本、閩本、明監本、毛本、李本、王本、監圖本、岳本同，《要義》所引亦同。阮記引文「氣落驛不連屬」，云：「落，十行本誤作『洛』。」盧記引文「氣洛驛不連屬」，云：「案：洛，當作『落』，各本皆不誤，此特寫者脫『艹』頭耳。」案疏文出「曰圛，兆氣落驛不連屬也」，則《傳》文作「落」是。十行本「洛」字寫作「落」，非其刻作「落」也，誤作「洛」或始自十行本。

30. 頁十七左　霿聲近蒙詩云零雨其濛則濛是闇之義

按：「濛」，單疏本、八行本、八行乙本、足利本、九行本、蒙古本、關西本、十行本（元）、靜嘉堂本（元）、劉本（元）、永樂本同，《要義》所引

亦同；閩本作「蒙」，明監本、毛本同。《考文》引文「則蒙是闇之義」，云：「〔宋板〕『蒙』作『濛』。」阮記引文「則蒙是闇之義」，云：「蒙，宋板、十行本俱作『濛』。」盧記引文「則濛是闇之義」，云：「宋板同。毛本『濛』作『蒙』。」案文義，下「濛」字似當作「蒙」字較勝。孔《傳》出「蒙」字，疏引《詩》「零雨其濛」，言「蒙」、「濛」通，孔《傳》之「蒙」字亦是闇之義。

31. 頁十八右　因兆而細曲者為水

按：「細」，單疏本、八行本、九行本、蒙古本、關西本、十行本（元）、靜嘉堂本（元）、劉本（元）、永樂本、閩本、明監本、毛本同，《要義》所引亦同；八行乙本作「紐」，足利本同。《考文》云：「〔宋板〕『細』作『紐』。」阮記云：「細，宋板作『紐』。」盧記同。疑八行本後期版片「細」字筆畫有脫落，因此，八行乙本此葉補板時遂訛作「紐」。

32. 頁十八右　王肅云卜五也

按：「也」，關西本、十行本（元）、靜嘉堂本（元）、劉本（元）、永樂本、閩本、明監本同；單疏本作「者」，八行本、八行乙本、足利本、九行本、蒙古本、毛本同。《正字》引文「卜五者，筮短龜長，故卜多而筮少」，云：「者，監本誤『也』。」阮記引文「王肅云卜五者」，云：「者，十行、閩、監俱誤作『也』。」盧記引文「王肅云卜五也」，云：「毛本『也』作『者』。案：所改是也。」案文義，經文出「卜五」，此疏文是引王肅釋經文字，云「『卜五』者」是。「也」當作「者」。

33. 頁十八左　周禮太卜掌一兆之法

按：「一」，十行本（元）、靜嘉堂本（元）、劉本（元）、永樂本、閩本同；單疏本作「三」，八行本、八行乙本、足利本、九行本、蒙古本、關西本、明監本、毛本同，《要義》所引亦同。阮記引文「周禮太卜掌三兆之法」，云：「三，十行、閩本俱誤作『一』。」盧記引文「周禮太卜掌一兆之法」，云：「閩本同。毛本『一』作『三』，是也。」案下疏文亦云「一曰玉兆，二曰瓦兆，三曰原兆」，又云「三兆三易」，則此處疏文當從單疏本等作「三」為是。十行本寫作「三」，非其刻作「三」。

34. 頁十八左　次及卿主眾民

按：「主」，十行本（元）、靜嘉堂本（元）、劉本（元）、永樂本同；單疏本作「士」，八行本、八行乙本、足利本、九行本、蒙古本、關西本、閩本、明監本、毛本同，《要義》所引亦同。阮記引文「次及卿士眾民」，云：「士，十行本誤作『主』。」盧記引文「次及卿主眾民」，云：「案：『主』當作『士』，形近之譌。」若作「主」字，似不當在「卿」字之下也。下疏云「謀及卿士」、「此惟言卿士者」，則此處亦當作「士」字為是。

35. 頁十九右　傳動不至逢吉

按：「逢」，十行本（元）、靜嘉堂本（元）、劉本（嘉靖）、永樂本、閩本同；單疏本作「遇」，八行本、八行乙本、足利本、九行本、蒙古本、關西本、明監本、毛本同。阮記引文「傳動不至遇吉」，云：「遇，十行、閩本俱作『逢』。按：注作『遇』。」盧記引文「傳動不至逢吉」，云：「案：『逢』當作『遇』，毛本不誤。」案《傳》文出「動不……遇吉」，則疏文標目作「遇」是。

36. 頁十九左　亦得上敵於聖故

按：「故」，單疏本、八行本、八行乙本、足利本、九行本、蒙古本、關西本、十行本（元）、靜嘉堂本（元）、劉本（嘉靖）、永樂本同；閩本作「人」，明監本、毛本同。《考文》引文「亦得上敵於聖」，云：「〔宋板〕『人』作『故』，屬下句。」阮記引文「亦得上敵於聖人」，云：「人，宋板、十行俱作『故』，屬下句。」盧記引文「亦得上敵於聖，故老子云」，云：「宋本同。毛本『故』作『人』，屬上讀。」當從單疏本等作「故」，屬下讀。然案此段疏文，三言「聖人」，未有單言「聖」字者，單疏本此「聖」字之下、「故」字之上或脫漏「人」字，「故」字仍屬下讀。

37. 頁二十右　課有一從亦是二從

按：「課」，單疏本、八行本、八行乙本、足利本、九行本、蒙古本、關西本、十行本（元）、靜嘉堂本（元）、劉本（元）、永樂本同；閩本作「謀」，明監本、毛本同，《要義》所引亦同。《考文》引文「卿士庶民，謀有一從」，云：「〔宋板〕『謀』作『課』。」阮記引文「謀有一從」，云：「謀，宋板、十

行俱作『課』。」盧記引文「課有一從」，云：「宋板同。毛本『課』作『謀』。」案經文云「汝則從，龜從，筮逆，卿士逆，庶民逆，作內吉，作外凶」，《傳》文出「二從三逆」。此處疏文「課」字當作「卜」字解，疏文云「此二從三逆，以汝與龜為二從」，即云經文所謂「汝則從」、「龜從」；此處疏文是釋經文緣何不言卿士、庶民卜各得一從的情況，因此時亦是二從三逆，吉凶亦同，故不復設文。綜上，單疏本、八行本等作「課」是，閩本等作「謀」誤。

38. 頁二十左　若三占之俱主凶

按：「主」，九行本、蒙古本、關西本、十行本（元）、靜嘉堂本（元）、劉本（元）、永樂本、閩本、明監本、毛本同；單疏本無，八行本、八行乙本、足利本同，《要義》所引同無。《考文》引文「若三占之俱主凶，則止不卜」，云：「〔宋板〕無『主』字。」阮記引文「若三占之俱主凶」，云：「宋板無『主』字。」盧記同。案九行本、蒙古本、關西本、十行本「凶」上俱有「主」字，疑南宋建陽坊間所刻十行注疏本即已衍「主」字。

39. 頁二十左　煖以長物

按：「煖」，八行本、九行本、蒙古本、關西本、十行本（元）、靜嘉堂本（元）、劉本（元）、永樂本、閩本、明監本、毛本、監圖本同；八行乙本作「燠」，足利本、關西本、李本、王本、岳本同。《考文》引文「煖以長物」，云：「〔古本〕『煖』作『燠』，宋板同。」阮記云：「煖，古本、岳本、宋板俱作『燠』。按：《史記集解》亦作『煖』。《疏》云：『燠』、『煖』為一，故《傳》以『煖』言之，是《疏》亦作『煖』。」盧記云：「古本、岳本、宋板『煖』作『燠』。按：《史記集解》亦作『煖』。《疏》云：『燠』、『煖』為一，故《傳》以『煖』言之，是《疏》亦作『煖』。」《釋文》出「煖」，又考之疏文云：「燠，溫煖也。是『燠』、『煖』為一，故《傳》以『煖』言之。」則陸德明、孔穎達所據之本《傳》文皆作「煖」。八行乙本「燠」字字體與版葉其它文字字體不同，應為後期剜改。又檢島田本、內野本作「燠」，則或亦有作「燠」字之本。今仍從傳世刊本作「煖」。

40. 頁二十左　五者來備

按：「者」，八行本、八行乙本、足利本、九行本、蒙古本、關西本、十

行本（元）、靜嘉堂本（元）、劉本（元）、永樂本、閩本、明監本、毛本、李本、王本、監圖本、岳本、唐石經、白文本皆同。《考文》云：「〔古本〕『者』下有『是』字。」阮記云：「王應麟云：『五者』，《史記》作『五是』，而今本《史記》仍作『者』，蓋元明以來刊本之誤也。《七經孟子考文》云：古本『者』下有『是』字。蓋或據《史》《漢》箋『是』字於『者』字之旁，而轉寫者因增諸『者』字之下，致不可通，說詳《尚書撰異》。」盧記同。檢百衲本景宋紹熙刻本《後漢書・李雲傳》云「五氏來備」，李賢注曰：「《史記》曰：庶徵曰雨、曰暘、曰燠、曰風、曰寒，五者來備……『是』與『氏』古字通耳。」《四部叢刊》影日本刊本《群書治要》卷二二引《李雲傳》亦稱「五氏來備」。可知作「氏（是）」字之本由來已久，而唐初李賢所見《史記》已有作「者」字者，非如王應麟所言元明以來刊本誤作「者」。今檢島田本「者」下有「是」字，「是」字旁有批校「**乄**本無 扌無」。檢內野本「者」下有「是」字，「是」字旁有批校「扌無」。則推測唐時或有作「是」字之本，亦有作「者」字之本。作「者」應為「是」字轉寫之訛。至於作「者是」之本，當如王應麟所言，以「是」字於「者」字旁校正，而轉寫者將批校一併抄入正文，遂形成作「者是」之本。至唐石經時，則以作「者」為正，或是參考孔《傳》「言五者備至」之故。疑當改「者」作「是（氏）」為宜。

41. 頁二十左　則眾草蕃滋廡豐也

按：「草」，八行本、八行乙本、足利本、九行本、蒙古本、關西本、十行本（元）、靜嘉堂本（元）、劉本（元）、永樂本、閩本、明監本、毛本、李本、王本、監圖本、岳本皆同。阮記云：「古本『草』下有『物』字。《史記集解》有『木』字。按《疏》釋經云『眾草木蕃滋而豐茂』，則當有『木』字。又釋注云『眾草百物蕃滋廡豐』，則當有『百物』二字。『滋廡』二字，《史記集解》倒。」檢南宋黃善夫刻三家注本《史記・宋微子世家》，《史記集解》云：「孔安國曰：言五者備至，各以次序則眾草木繁廡滋豐也。」考孔穎達疏文云「則眾草木蕃滋而豐茂矣」，則似有「草」下有「木」字之本者。然下孔疏又云「則眾草百物蕃滋廡豐也」，檢島田本、內野本「草」下有「物」字，則似亦有「草」下有「物」字之本者。下孔疏文又云「此言眾草蕃廡者」，則所據《傳》文「草」下、「蕃」上似不當有字。今疑魏晉隋唐南北所傳諸本文字不一，而孔穎達此處數段疏文或集眾家之說，疑諸家所據

《古文尚書》文字不同，故釋經傳之文字未必盡同。五代北宋監本則取作「草」字之本為底本，而疏文則存三種舊本之貌。今仍以八行本等《傳》文作「草」，不必據疏文補「木」或是補「物」字。

42. 頁二十一左　惟木沴火

按：「木」，永樂本、閩本、明監本、毛本同；單疏本作「水」，八行本、八行乙本、足利本、九行本、蒙古本、關西本、十行本（元）、靜嘉堂本（元）、劉本（元）同，《要義》所引亦同。《正字》云：「『水』誤『木』。」阮記云：「浦鏜云：『水』誤『木』。按：浦是也。」盧記同。沴者，克也，水克火也，作「木」則不通。十行本、靜嘉堂本、劉本此葉皆為元刻版葉，作「水」不誤，而阮本、閩本作「木」實是阮本、閩本誤識底本文字。

43. 頁二十一左　釋詁文廡豐茂也

按：「文」，單疏本、八行本、八行乙本、足利本、九行本、蒙古本、關西本、十行本（元）、靜嘉堂本（元）、劉本（元）、永樂本、閩本、明監本、毛本同。《正字》云：「『文』當『云』字誤。」阮記云：「浦鏜云：『文』當『云』字誤。是也。」盧記同。案「廡豐茂也」在「釋詁」之下，則「文」似當作「云」為宜，浦說是。

44. 頁二十一左　有無相刑

按：「刑」，單疏本、八行本、八行乙本、足利本、九行本、蒙古本、關西本、十行本（元）、靜嘉堂本（元）、劉本（元）、永樂本、閩本、明監本、毛本同。阮記云：「按：『刑』疑『形』字誤。」盧記同。作「刑」、作「形」，難以斷定。

45. 頁二十二右　君行政治

按：「行」，八行本、八行乙本、足利本、九行本、蒙古本、關西本、十行本（元）、靜嘉堂本（元）、劉本（元）、永樂本、閩本、明監本、毛本、李本、王本、監圖本、岳本皆同。阮記云：「《史記集解》無『行』字，與《疏》合。」孔《疏》云「曰人君政治則暘以時而順之」。檢島田本作「君政治」，無「行」字，「君政」旁有小字批校「行 扌有」，是謂宋刊本有「行」字，

可知島田本確無「行」字，似與此處疏文所據之本皆為無「行」字之本。然考下疏文標目云「傳君行至順之」，則孔穎達所據之本似又有「行」字。此亦當是孔氏疏文採諸家之說，而諸家所據《傳》文文字不同之故。不可據孔疏「曰人君政治則暘以時而順之」刪《傳》文「行」字，今仍從八行本等以有「行」字為宜。

46. 頁二十二右　君行狂疾

按：「疾」，十行本（元）、靜嘉堂本（元）、劉本（元）、永樂本、閩本、明監本、毛本同；八行本作「妄」，八行乙本、足利本、九行本、蒙古本、關西本、李本、王本、監圖本、岳本同。《考文》云：「〔古本〕『疾』作『妄』，宋板同。」阮記云：「疾，古本、岳本、宋板、《史記集解》俱作『妄』，與《疏》合。」盧記同。檢島田本作「妄」，與八行本等相合。十行本作「疾」，應是刻誤，形近之訛。

47. 頁二十二右　則常燠順之

按：「燠」，十行本（元）、靜嘉堂本（元）、劉本（元）、永樂本、閩本、明監本、毛本同；八行本作「煖」，八行乙本、足利本、九行本、蒙古本、關西本、李本、王本、監圖本、岳本同。《考文》引文「則常燠順之」，云：「宋板『燠』作『煖』。」阮記云：「燠，岳本、宋板、《史記集解》俱作『煖』。」考「燠」、「煖」文義雖一，然案疏文云「君行逸豫則常煖順之」，則《傳》文似當從八行本等作「煖」為宜。

48. 頁二十二右　君行蒙闇

按：「蒙」，八行本、八行乙本、足利本、九行本、蒙古本、關西本、十行本（元）、靜嘉堂本（元）、劉本（元）、永樂本、閩本、明監本、毛本、李本、王本、監圖本、岳本同。阮記云：「按『稽疑』章之『蒙』，與此章之『蒙』，《史記》俱作『霿』，《集解》引此《傳》『蒙闇』即作『霿闇』。則孔本此經亦作『霿』明矣，或疑《疏》引『王肅云：蒙，瞽蒙』，似此經不當作『霿』。然古字音同皆相假借，前既以『霿』為『濛』，此何妨以『霿』為『矇』。薛季宣《書古文訓·洪範》兩『霿』字俱作『蒙』，非也。」今檢島田本作「霿」，不知為何字。案疏文云「行必蒙闇」，與八行本等《傳》文相合，故今仍以

「蒙」字為是。

49. 頁二十二左　此故咎皆言若者

按：「故」，十行本（元）、靜嘉堂本（元）、劉本（元）、永樂本同；單疏本作「休」，八行本、八行乙本、足利本、九行本、蒙古本、關西本、閩本、明監本、毛本同，《要義》所引亦同。阮記引文「此休咎皆言若者」，云：「休，十行本誤作『故』。」盧記引文「此故咎皆言若者」，云：「毛本『故』作『休』。『故』字誤也。」案上經文云「曰休徵」、「曰咎徵」，休徵、咎徵經文皆稱其為「若」，則疏文作「休」為是。

50. 頁二十三左　箕星好風畢星好雨

按：「畢星好雨」，八行本、八行乙本、足利本、九行本、蒙古本、關西本、十行本（元）、靜嘉堂本（元）、劉本（元）、永樂本、閩本、明監本、毛本、李本、王本、監圖本、岳本同。《正字》引文「畢星好雨」，云：「案：《疏》云：不言『畢星好雨』，具於下《傳》。此有者，當是後人增入。」阮記引文「箕星好風畢星好雨」，云：「浦鏜云：按《疏》云不言畢星好雨，具於下傳，此有者」，當是後人增入。」盧記同。檢島田本、內野本皆有「畢星好雨」四字。今疑孔疏云「不言『畢星好雨』，具於下《傳》」，是謂下疏文釋「月經」至「以亂」段《傳》文時再釋「畢星好雨」，故孔疏於下文釋曰「畢星好雨者，畢西方金宿雨……故好雨也」。仍從古本及八行本等有「畢星好雨」為宜。

51. 頁二十四右　南極去北極直徑一百二十二度弱

按：「南」，單疏本、八行本、八行乙本、足利本、九行本、蒙古本、關西本、十行本（元）、靜嘉堂本（元）、劉本（元）、永樂本同，《要義》所引亦同；閩本作「北」，明監本、毛本同。「北」，單疏本、八行本、八行乙本、足利本、九行本、蒙古本、關西本、十行本、靜嘉堂本（元）、劉本（元）、永樂本同，《要義》所引亦同；閩本作「南」，明監本、毛本同。《考文》引文「北極去南極」，云：「〔宋板〕作『南極去北極』。」阮記引文「北極去南極直徑一百二十二度弱」，云：「北極去南極，宋板、十行俱作『南極去北極』。」盧記引文「南極去北極直徑一百二十二度弱」，云：「毛本『南』、『北』二字

互易。」案下疏文云「其依天體隆曲，南極去北極一百八十二度彊」，則疏文此處「南極」似亦當從單疏本等在「北極」之前。

52. 頁二十四左　交路而過

按：「路」，九行本、蒙古本、關西本、十行本（元）、靜嘉堂本（元）、劉本（元）、永樂本、閩本、明監本、毛本同；單疏本作「絡」，八行本、八行乙本、足利本同，《要義》所引亦同。《考文》云：「〔宋板〕『路』作『絡』。」阮記云：「路，宋板作『絡』，是也。」盧記云：「宋本『路』作『絡』，是也。閩本、明監本、毛本並誤。」案文義，月行之道半在日道裏，半在日道之表，是日行之道與月行之道相近交絡而過。作「絡」是。

53. 頁二十五右　折未三十

按：「三」，八行本、八行乙本、足利本、九行本、蒙古本、關西本、十行本（元）、靜嘉堂本（元）、劉本（元）、永樂本、閩本、明監本、李本、王本、監圖本、岳本同；毛本作「二」。《考文·補遺》引文「折未二十」，云：「〔古本〕『二』作『三』，宋板同。」《正字》云：「三十，毛本誤『二十』。」阮記引文「折未二十」，云：「二，古、岳、葛本、宋板、十行、閩、監、纂傳俱作『三』。」盧記引文「折未三十」，云：「古本、岳本、葛本、宋板、閩本、明監本、纂傳同。毛本『三』作『二』。」案疏文云「六十折又半為三十」，則《傳》文作「三」為是。毛本作「二」誤。

54. 頁二十六右　言為尊之法正

按：「正」，單疏本、八行本、八行乙本、足利本、九行本、蒙古本、關西本、十行本（元）、靜嘉堂本（元）、劉本（元）、閩本、明監本、毛本同。《正字》引文「言為尊之法也」，云：「『也』誤『正』。」阮記云：「浦鏜云：『也』誤『正』。」盧記同。案文義，鄭玄注《周禮》云彝亦尊也，鬱鬯者則曰彝，是鄭玄言彝何以為尊之法也。作「也」較勝，浦說似是。